GABRIEL RICHI ALBERTI

ALEGRÍA PARA EL TIEMPO Y PARA LA ETERNIDAD

EL HORIZONTE INFINITO DEL AMOR

didaskalos

Imagen de cubierta: Vincent van Gogh, *Paisaje con pareja caminando y luna creciente.* 1890. Postimpresionismo. Óleo sobre lienzo. Museo de Arte Moderno de Sao Paulo, Brasil. Lugar de creación: Saint-Rémy-Blanzy, Francia.

Primera edición: septiembre 2024

Autor: ©Gabriel Richi Alberti

Impreso en España. Printed in Spain
Depósito legal: M-21445-2024
ISBN: 978-84-19431-47-9

Maquetación: Juan Carlos Adame

Impresión y encuadernación
Editorial Didaskalos
Valdesquí 16, Madrid 28023

Índice

Invitación a la lectura

No nos tiene que extrañar que la propuesta de un libro sobre el noviazgo –y, por tanto, sobre el matrimonio– pueda ser considerado un acto de absoluta ingenuidad. Ante todo, porque si actualmente tenemos que hacer cuentas con un problema concreto, en este ámbito, es el de la progresiva desaparición del matrimonio. Hoy, en efecto, se casa cada vez menos gente. Con lo que hablar de noviazgo puede parecer un poco superfluo.

Demos, sin embargo, por válida esta opción.

La segunda cuestión que nos tenemos que plantear es cómo o, mejor aún, desde dónde hablar del noviazgo. Vivimos en una cultura caracterizada por el exceso de información, también en el ámbito de las relaciones humanas, en el ámbito afectivo. Por ello, hay que valorar bien la utilidad de proponer otro recorrido sobre las dimensiones biológicas, psicológicas y sociales de nuestro ser hombres o mujeres y, por tanto, del noviazgo. Para empezar, ya no es posible partir de una comprensión comúnmente aceptada de las componentes de la sexualidad humana: lo que normalmente se conoce como sexo, identidad de género y orientación sexual. Al contrario, la confusión sobre dichos temas es el pan nuestro de cada día. Además, y en cualquier caso, no faltan contribuciones sobre todo ello que podrán ser leídas con mucho provecho[1].

Así que conviene presentar explícitamente la perspectiva que vamos a proponer. Estas páginas sobre la relación hombre-mujer, sobre el noviazgo y el matrimonio, parten de la escucha de un testigo. Se trata del escritor francés Léon Bloy (1846-1917), hombre de profunda fe, y de las cartas que escribió a Jeanne, la que llegaría a ser su mujer. Son cartas en las que se despliega el horizonte infinito del amor entre el hombre y la mujer.

¿De dónde nace una experiencia amorosa tan plena, tan fascinante como la que se refleja en estas cartas? Sin lugar a duda, de la experiencia de fe de sus protagonistas. Por eso, las páginas que siguen al primer capítulo, dedicado a escuchar el testimonio de Bloy y cuyo título recoge unas palabras de Jeanne –las mismas que dan título a todo el volumen– buscan iluminar y profundizar esa experiencia amorosa a partir de su fuente: la fe cristiana y la visión que nos ofrece a la hora de contemplar el misterio del amor humano. Y lo hacen a partir de la lectura eclesial de la Escritura acompañada por el testimonio del genio literario. Ello hace que este volumen tenga la pretensión de ofrecer un camino, es decir, busque favorecer que la razón comprenda y que la libertad se pon-

---

[1] Una lectura muy recomendable para acercarse a la bella complejidad de la sexualidad humana se encuentra en este volumen recientemente publicando en español: A. FRIGERIO, *El enigma de la sexualidad humana* (BAC, Madrid 2024).

ga en juego con la verdad del amor entre el hombre y la mujer tal y como se nos ha manifestado en Jesucristo. Por ello, estas páginas pueden ser una ayuda para juzgar la experiencia amorosa a la luz de la fe y, al mismo tiempo, para profundizar en dicha experiencia, también a través de la súplica. De hecho, son páginas que tienen su origen remoto en una tanda de ejercicios espirituales para novios predicada en el Patriarcado de Venecia.

Muchas veces hemos escuchado estas célebres palabras de Antoine Saint-Exupéry, presentes en su obra *Citadelle*: «Si quieres construir un barco, no empieces por buscar madera, cortar tablas o distribuir el trabajo. Evoca primero en los hombres y mujeres el anhelo del mar libre y ancho». Pero no por conocidas, son menos verdaderas. No creo exagerar si, al menos en muchas ocasiones, lo que se echa en falta en las relaciones de noviazgo es horizonte, horizonte ancho y dilatado, es más, infinito. Un horizonte que, sin embargo, está presente en la misma relación amorosa. En este sentido, el lector encontrará citadas más adelante unas palabras de Azorín muy iluminadoras: «Y yo veía entonces, y he visto luego, alguna de estas mujeres misteriosas que, como el mar azul que se ensanchaba ante mi vista, me hacía pensar en lo Infinito». Aun corriendo el riesgo de poder ser considerado impertinente, me arriesgo a repetirlo: en no pocos noviazgos falta ese horizonte infinito que hace respirar a pleno pulmón. Ese horizonte que solo puede ser abierto a la luz del designio de Dios en Jesucristo, es decir, de su voluntad de hacernos hijos suyos, de hacernos participar de su misma vida. Ese horizonte que se aprende compartiendo cotidianamente la vida de la comunidad cristiana.

A indicar la posibilidad realísima de vivir según este horizonte infinito –el mismo que vivieron Léon Boy y Jeanne en su noviazgo– están dedicadas estas meditaciones. Si llegan a ser una ayuda para alguien, habrán cumplido con creces su tarea.

Gabriel Richi Alberti

Memoria de San Joaquín y Santa Ana.

Alegría para el tiempo y para la eternidad

A veces pensamos, incluso sin ser muy conscientes de ello, que las cosas más importantes de nuestra vida son simplemente "espontáneas", que es posible vivirlas a fondo sin aprenderlas, sin hacer un camino que introduzca, poco a poco, nuestra razón y nuestra libertad en la verdad de las cosas. Pero basta comenzar a vivir para darse cuenta de que no es así.

Y una de las experiencias más fundamentales en las que podemos dejarnos llevar por este equívoco es precisamente la experiencia del amor entre el hombre y la mujer, la experiencia del ser amado y del amar. Lo que nos cuentan las películas, al menos muchas veces, no es verdad.

Todos necesitamos testigos que nos ayuden a poner nombre a las cosas, que nos abran camino, que nos indiquen una vía que sea posible recorrer en primera persona.

Uno de esos testigos es Léon Bloy: un cristiano inconformista, radical, amigo intransigente de sus amigos. Un hombre que se enamoró profundamente de la que llegaría a ser su mujer y que hizo un camino que puede ser para todos.

Este cristiano singular, gracias a su mujer, nos ha dejado un legado que merece la pena conocer. Nos referimos a las cartas que escribió a su novia[1].

Las cartas –fechadas entre 1889 y 1890– fueron publicadas por Jeanne, su mujer, pocos años después de la muerte de Léon Bloy, acaecida en 1917, como un acto de testimonio. Para poder disfrutarlas y reconocer el camino que abren ante nosotros, es importante que no nos frene la distancia expresiva y de sensibilidad de los más de cien años que nos separan de este epistolario.

En la dedicatoria del volumen, Jeanne nos abre una senda para introducirnos en la intensidad afectiva y cristiana de las cartas de su futuro marido. Hablando del matrimonio, del "amor sobrenatural" como ella dice, lo describe con estas palabras: «alegría para el tiempo y para la eternidad». A medida que leemos estas cartas, nos damos cuenta de que esta "alegría" es el resplandor de la salvación.

¿Por qué las *Cartas a mi novia* de Léon Bloy pueden iluminar la verdad del amor, del noviazgo y del matrimonio? El libro nos ofrece innumerables matices, sugerencias, indicaciones... Algunas nos arrastran y fascinan, otras nos chocan y obligan a pensar, a juzgar con detenimiento. Es un libro de gran belleza, de esa belleza que no te permite estar a tus anchas, porque te hace intuir que algo debes cambiar.

---

[1] Cf. L. BLOY, *Cartas a mi novia* (Nuevo Inicio, Granada 2008).

Sin duda, la fascinación que provocan las cartas nace de la radicalidad de la experiencia de su autor. Su diario de los años 1910-1912 se llama *El peregrino de lo absoluto*, título que le describe perfectamente. El encuentro con una joven danesa, protestante, y el camino de amor que inicia y que tiene como horizonte, desde su mismo origen, el matrimonio, no admite término medio: o todo o nada. El mismo Bloy es muy consciente de ello: «Te has burlado un poco de mis expresiones absolutas, y eso me vuelve tímido, pues no sé expresarme de otro modo. Añado incluso que no puedo sentir de otro modo y si tú no lo ves, te falta clarividencia»[2].

En el camino amoroso del matrimonio según el designio de Dios no hay espacio para acomodamientos burgueses, para medianías. De hecho, en una de sus cartas Bloy afirma: «Estamos en una época del mundo en la que hay que decirlo todo»[3]. Esta pasión por lo absoluto no es, sin embargo, simple denuncia. Las cartas de Léon Bloy abren ante nosotros el horizonte de la vocación y de la misión del matrimonio y de la familia en la Iglesia y en el mundo. Veamos algunos elementos particularmente iluminadores.

Jeanne es para Léon un don y un don salvífico. A través de todas sus cartas lo repite una y otra vez: esta mujer le ha sido dada por Dios como signo eficaz de su presencia salvadora. Por eso afirma sin dudar: «Qué admirable eres para mí y qué maravillosamente has sido escogida por el Dios de las misericordias para consolarme (...). Los dones de Dios son su-

---

[2] Ibid., 163.
[3] Ibid., 108.

blimes y todos mis sueños han sido superados»[4]. En efecto, la presencia de Jeanne es indicación y compañía para el camino, devuelve a Léon a la verdad de sí mismo: «Ocurre, no sé cómo ni por qué, que tú reavivas en mi espíritu lo que parecía extinguido y que con ocasión de ti reencuentro lo que se había oscurecido»[5]. Y aún más explícitamente afirma: «Ya te lo he dicho: tú me has llevado a Dios, a través tuyo me ha vuelto el espíritu de oración»[6]. He aquí la razón de la profundidad del amor de Léon por Jeanne, es un amor de agradecimiento por la misericordia recibida: «Lo que hace mi amor por ti tan potente, amada mía, es que no has sentido asco ante mi oscuridad y mi miseria»[7].

De gran belleza son las líneas con las que Bloy describe la experiencia de la unidad entre el amor a Dios y el amor a la propia mujer. Dios y el afecto humano, en efecto, no están en alternativa: «Usted me ha escrito: amo a Dios más que usted. Niña querida. ¿Qué sabrá usted? Yo no podría escribirle eso, porque me sería imposible realizar esa división. Yo amo a Dios en usted, para usted, a causa de usted y yo la amo perfectamente en Dios, como un cristiano debe amar a su esposa, y la idea de separar de cualquier manera esta bella llama de amor no cae bajo el discernimiento de mi espíritu. Amémonos, pues, mi pequeña Jeanne, con entera simplicidad, sin ningún vano análisis, a la manera en que quiere Dios, no tengamos miedo

---

[4] Ibid., 93.
[5] Ibid. 121.
[6] Ibid., 137.
[7] Ibid., 188.

del Amor que es el Nombre mismo del Espíritu Santo y aguardemos así con valor la voluntad de Quien nos ha formado para su Gloria y que no nos ha sacado de la nada por el placer de torturarnos»[8]. De este modo, la recíproca y exclusiva pertenencia de marido y mujer son una sola cosa con su mismo pertenecer a Dios: «Perteneces al Dios de los cielos y eres mía para la vida y para la eternidad»[9]. O dicho de otro modo: «¡La alegría perfecta! ¿Comprendes esto, adorada mía? ¡Dios y nosotros! La vida divina y la vida humana completamente realizadas a la vez por nuestra unión»[10].

El camino que recorre el amor de Léon por Jeanne tiene muy clara la meta. Es el matrimonio y resplandece como experiencia de totalidad para siempre: «pronto estaremos unidos el uno al otro completamente y para siempre. Adorada mía, me parece que en ese momento me volveré loco de alegría»[11]. Y en otra carta añade: «Estamos ahora comprometidos de una manera tan absoluta como si hubiéramos recibido el sacramento del matrimonio que debe darnos tanta felicidad. Tú eres mía y yo soy tuyo de por vida, pase lo que pase»[12].

Léon –que ama apasionadamente a su novia: «tengo hambre y sed sobre todo de tu presencia, de tu persona tan querida a mi corazón enfermo»[13]– es consciente tanto de su debilidad como del horizonte de la verdad, y no lo esconde: «Siendo un

---

[8] Ibid., 27.
[9] Ibid., 80.
[10] Ibid., 198.
[11] Ibid., 52.
[12] Ibid., 55.
[13] Ibid., 144.

pobre niño lleno de miserias, no te prometo ser siempre irreprochable, pero siento que tú eres verdaderamente "la que amo" y veo claramente que ninguna otra mujer podría darme la felicidad que espero de ti»[14].

Un último aspecto que subraya con fuerza nuestro autor es el horizonte misionero del matrimonio. Misión no en el sentido de que "se tenga que hacer algo", sino como reconocimiento de que marido y mujer son instrumentos del designio de salvación de la Trinidad: «el encuentro querido por Dios de nuestros dos corazones, absolutamente llenos de Él, es un acontecimiento muy considerable cuyas consecuencias pueden ser infinitas. No dude que tenemos un lugar muy importante en el plan divino y que lo que nos queda por hacer, en verdad, es consentir amorosamente en llegar a ser instrumentos de su Voluntad infalible»[15].

A lo largo de las páginas de este epistolario asistimos al desvelarse de una intensidad afectiva incomparable. Más se afirma el vínculo con Aquel que ha hecho que se encuentren, más crece la experiencia apasionada del amor recíproco. Por esta razón vale la pena concluir citando una confidencia de Bloy en una de sus últimas cartas. Confidencia que llena de ternura al descubrir en este hombre, verdaderamente atravesado por la conciencia del drama de la existencia, un corazón de niño: «Es cierto que hemos tenido algunos momentos de debilidad de los que casi no pudimos defendernos. Dios, que es admirable en sus caminos, se ha servido de ellos para humillarnos con bondad y para aumentar más nuestro amor. Pero hemos sido bien custodiados y, en

---

[14] Ibid., 146.
[15] Ibid. 23.

suma, nos presentaremos en el altar sin tener que ruborizarnos por el recuerdo de ninguna falta grave. Seremos exactamente lo que hay que ser y nos cambiaremos el anillo nupcial con nuestros corazones puros»[16].

La experiencia de plenitud afectiva de la que dan testimonio las cartas de Léon Bloy a Jeanne, su futura mujer, está al alcance de cada uno de nosotros. Nace de la fe vivida en la comunidad cristiana. Y se propone a nuestra razón y a nuestra libertad como un camino a recorrer. A comprender mejor este camino para poder recorrerlo con mayor decisión están dedicados los siguientes capítulos.

---

[16] Ibid., 199.

Enamorarse

«Pasé otra vez a tu lado, te vi en la edad del amor; extendí mi manto sobre ti para cubrir tu desnudez. Con juramento hice alianza contigo —oráculo del Señor Dios— y fuiste mía» (Ez 16,8). Para ayudar al pueblo de Israel a intuir la potencia de la preferencia gratuita del amor de Dios, el profeta no teme recurrir a una de las experiencias más comunes de la existencia de los hombres. Las palabras de Ezequiel, en efecto, hacen referencia inmediata al enamoramiento. La imagen que usa es, en cierto sentido, bastante sobria y, sin embargo, dice lo esencial.

«Pasé otra vez a tu lado y te vi»: enamorarse es, ante todo, un acontecimiento, algo que sucede. O por ser más precisos: el enamoramiento acontece encontrándose con una persona. Ningún hombre ni ninguna mujer pueden producirlo: sucede con la fuerza del imprevisto, de la sorpresa. Posee el sabor de lo gratuito, más aún, de lo inmerecido.

«Te vi en la edad del amor»: esta frase del profeta recoge toda la profundidad de la atracción. La *edad del amor* nos habla de la fascinación que la belleza de la mujer provoca en el enamorado. Y esta es una experiencia común a hombres y mujeres.

«Extendí mi manto sobre ti… y fuiste mía»: encuentro, fascinación y decisión. El enamoramiento pone en marcha a quien se enamora, mueve su libertad, empuja a decidir, es decir, a adherirse a la belleza encontrada.

Es impresionante intuir esta posibilidad de conocer un poco más el misterio de Dios y de su amor a través de una experiencia que vivimos en la trama ordinaria de la vida. Pero es impresionante, no solo porque nos ayuda a comprender la "cercanía del Misterio"[1], sino sobre todo porque desvela la profundidad de la experiencia humana elemental: en nuestra vida hay algo más de lo que normalmente pensamos y tenemos presente. Y no podría ser de otro modo «pues en él vivimos, nos movemos y existimos; así lo han dicho incluso algunos de vuestros poetas: "Somos estirpe suya"» (Hch 17,28).

a) *Aparición*

La literatura nos ofrece innumerables descripciones del fenómeno del enamoramiento. Pero no solo. Con cierta frecuencia, los hijos someten a sus padres, con curiosidad, a un verdadero interrogatorio sobre el cuándo y el cómo se vieron por

---

[1] Este es el título de un bellísimo libro de homilías y meditaciones del cardenal Angelo Scola: *La vicinanza del Mistero* (Lateran University Press, Roma 2001).

primera vez –dónde estaban, quién les presentó, qué hicieron después...–, intuyendo la naturaleza de promesa que estaba escondida en ese primer encuentro.

Podemos leer en paralelo las palabras de Ezequiel y la descripción del encuentro entre Beatriz y Dante, que el poeta narra en *La vida nueva*: «Después que hubieron pasado tantos días, que a punto estaban de cumplirse nueve años después de la sobrescrita aparición de esta nobilísima, en el último de estos días ocurrió que esta admirable mujer apareció ante mí vestida de un blanquísimo color, en medio de dos nobles mujeres, que eran de mayor edad; y pasando por una calle, volvió los ojos hacia aquella parte en la que yo muy temeroso me encontraba, y por su inefable cortesía, que es hoy recompensada en el gran siglo, me saludó muy virtuosamente, tanto que me pareció ver entonces todos los términos de la bienaventuranza. La hora en que me alcanzó su dulcísima salutación, era con certeza la hora nona de aquel día»[2]. También Beatriz *pasó al lado* de Dante y *volvió los ojos hacia él* y este acontecimiento marcó un cambio radical en la existencia del poeta.

El encuentro con Beatriz, absolutamente gratuito –Dante lo indica con expresiones como *aparición, apareció ante mí...*– trajo consigo la semilla del cumplimiento definitivo: *me pareció ver entonces todos los términos de la bienaventuranza*. Más adelante, el poeta insistirá en esta percepción del prodigioso don que ha recibido: «y parece una cosa que viniese del cielo a tierra por mostrar milagro»[3].

---

[2] DANTE ALIGHIERI, *La vida nueva* III (Cátedra, Madrid 2003) 95.
[3] Ibid., XXVI, 311.

Este encuentro determinó hasta tal punto la vida de Dante que en su memoria quedaron imborrablemente impresas sus coordenadas temporales: *La hora en que me llegó su dulcísimo saludo fue precisamente la nona de aquel día*. Este detalle no puede no recordarnos lo mismo que sucedió al discípulo amado, al describir su primer encuentro con Jesús: «Él les dijo: "Venid y veréis". Entonces fueron, vieron dónde vivía y se quedaron con él aquel día; era como la hora décima» (Jn 1,39).

Pero esto es solo un inicio. El enamoramiento *acontece*, sucede, pero no como si fuera una enfermedad mortal; *no determina* la vida de manera que no podamos decir ni hacer nada con ello. Nada más lejos de la verdad del enamoramiento que la imagen romántica que hoy ha llegado a ser mentalidad dominante[4]. Es verdad que el enamoramiento acontece, te sucede, y que no puedes hacer nada para que no sea así: hasta aquí no caben dudas. Pero esto es solo un inicio, una provocación que pone en juego, en movimiento, tu libertad, tu humanidad. Es necesario hacer un juicio de valor sobre lo que ha acontecido, es decir, es necesario afrontarlo con toda nuestra humanidad.

---

[4] Un ejemplo de la imagen romántica del amor es cuanto sucede a Dom Claude en el célebre romance *Notre Dame de Paris*: «Yo te amo, y el cielo sabe que digo la verdad. ¿No asoma en mi exterior el fuego que abrasa mi corazón? ¿No merece tu compasión que yo sufra de día y de noche? Amar de noche y de día como yo amo, es padecer una cruel tortura. Sufro muchísimo y merezco compasión, te lo aseguro. Ya ves que hablo con dulzura y que no quisiera causarte horror. Al fin y al cabo el hombre que ama a una mujer no tiene culpa. (…) Soy doctor, y hago escarnio en la ciencia; soy noble, y prostituyo mi nombre: soy sacerdote, y hago del misal almohada de mi lujuria, y todo esto lo hago por ti, por ser digno de tu infierno, ¡y tú desdeñas al condenado!», Víctor Hugo, *Nuestra Señora de París* XI, 1 (Alba, Madrid 2000) 498-499.

b) *Un juicio de valor*

Un contemporáneo de Dante, Guido Guinizzelli, expresa
la potencia del enamoramiento con estos versos: «Me asalta el
amor y ya no considera si es pecado o, en cambio, merced». Parece así y, sin embargo, no es verdad. No es verdad que el enamoramiento deba ser acogido y secundado sin tener en cuenta
si supone un bien o si, en cambio, daña a quien se enamora.
Por el contrario, el enamoramiento pide que su protagonista,
hombre o mujer, haga un juicio de valor: ¿es pecado o, en cambio, merced? «En la raíz del afecto existe, por tanto, un juicio
de valor»[5].

La Escritura nos habla con mucha claridad de este hecho.
Basta comparar lo que aconteció con Tobías y Sara y el episodio
del rey David y Betsabé.

«Una tarde David se levantó de la cama y se puso a pasear
por la terraza del palacio. Desde allí divisó a una mujer que se
estaba bañando, de aspecto muy hermoso. David mandó ave-
riguar quién era aquella mujer. Y le informaron: "Es Betsabé,
hija de Elián, esposa de Urías, el hitita". David envió mensa-
jeros para que la trajeran. Llegó a su presencia y se acostó con
ella, que estaba purificándose de sus reglas» (2 Sam 11,2-4).

El texto no puede ser más explícito. Algo sucede: David
pasea y ve a una mujer muy bella; se encapricha de ella y decide apropiársela. Podríamos decir que "se enamora" e, ins-
tintivamente, va detrás de ella sin afrontar la "fatiga" de un
juicio de valor sobre el encuentro que ha tenido. Conocemos

---

[5] A. Scola, *Hombre-mujer. El misterio nupcial* (Encuentro, Madrid
2001) 477.

cómo acabó la historia: Betsabé concibe un hijo y el rey hace de todo para esconder su error; después, cuando se da cuenta de que no es posible, hace que asesinen al marido. Pero el juicio de valor que David estaba llamado a dar al inicio de este episodio, y que evitó, deberá darlo más adelante. Ante el justo reproche del profeta Natán –«¿Por qué has despreciado la palabra del Señor, haciendo lo que le desagrada?» (2 Sam 12,9)–, se arrepiente y confiesa su pecado: «He pecado contra el Señor» (2 Sam 12,13). David se da cuenta de la gravedad de su pecado: no tiene que ver solo con la injusticia cometida contra Urías, traicionado en su matrimonio y además asesinado. El pecado de David fue contra el Señor, porque la experiencia del amor tiene como horizonte adecuado la relación con el Padre, la relación con ese Dios que se ha donado como esposo a su pueblo. El horizonte infinito del amor, en efecto, es el designo de Dios.

La historia de Tobías y Sara nos puede ayudar a comprenderlo mejor.

En realidad, no se puede decir que Tobías se hubiese enamorado inmediatamente de Sara, y eso que ella era «prudente, decidida y muy hermosa y su padre un hombre honorable» (Tb 6,12). Más aún, estando al corriente de lo que había sucedido en los precedentes matrimonios de su pariente Sara –los siete anteriores maridos habían muerto, por obra del demonio, en la misma noche de bodas (cf. Tb 3,8)–, Tobías estaba muy preocupado: «me han dicho que la joven se ha casado ya siete veces y que todos los maridos han muerto la misma noche de la boda al pretender acercarse a ella. Me han dicho también que es un demonio quien los mata. Tengo miedo, porque a ella el demonio no le hace ningún daño, pero da muerte al hombre que intenta acercarse» (Tb 6,14-15). ¡No le faltaban razones para estar preocupado!

¿Por qué, entonces, se pone en movimiento y da el paso decisivo? ¿Qué es lo que le permite vencer el miedo y pedir la mano de Sara? Las palabras del arcángel Rafael introducen un factor que pone en movimiento la libertad de Tobías: «No temas, porque está destinada para ti desde la eternidad. (...) Tobías, teniendo en cuenta lo que decía Rafael (...) se enamoró intensamente de ella» (Tb 6,18-19).

Las primeras palabras que le dirigió el arcángel son palabras muy conocidas en la Escritura: «No temas». Son las mismas palabras que escuchará la Virgen (cf. Lc 1,30), que escuchará san José (cf. Mt 1,20), que Jesús dirigirá a sus discípulos (cf. Mc 6,50), y que ponen de manifiesto que siempre es posible apoyarse en el designio de Dios, en su intervención misericordiosa y salvífica en la historia de los hombres. El arcángel Rafael ayuda a Tobías a mirar su encuentro con Sara en el horizonte del designio de Dios, le ayuda a expresar un juicio de valor: *está destinada para ti desde la eternidad*. ¿Cuál es la consecuencia? *Se enamoró intensamente de ella*. En cuanto el encuentro que hemos tenido, la relación que ha comenzado, se sitúa en el horizonte del designio de Dios, la experiencia del amor se abre de par en par para sus protagonistas de una manera antes inimaginable. ¡Tobías pasa del desaliento, del echarse atrás por el miedo a perderse, a la experiencia de un amor que no puede prescindir de la presencia de la amada!

Pero para que esto suceda, hace falta un camino.

c) *El comienzo de un trabajo*

Hace falta un camino de *verificación*. Un camino para custodiar el bien encontrado, para que llegue a ser verdadero (*verificación: verum facere*), para que la atracción y la fascinación iniciales se conviertan en ayuda y vía hacia el cumplimiento de mi persona, hacia el desplegarse del designio de Dios.

Es importante reconocer la necesidad del camino porque, muchas veces, corremos el riesgo de permanecer apegados al inicio como si se tratase del todo, poniendo en peligro el mismo origen bello y bueno que nos ha impresionado. Con la agudeza que le caracteriza, Lewis nos ayuda a comprender la falsedad de absolutizar el primer encuentro, porque bloquea ese inicio en el pasado, impide que genere un camino: «Y ¿cómo podríamos tolerar la vida y dejar pasar el tiempo si siempre estuviéramos añorando el regreso de un día o de un año, si no supiéramos que cada día en una vida la llena toda con expectación y recuerdo y que estos *son* aquel día?»[6].

El camino de la verificación consiste, entonces, en «ver cómo la vida, paso a paso –en virtud de la serie de signos que la Providencia ofrece a mi obediencia libre y pública– desvela la historia progresiva de mi vocación en el tiempo»[7]. Consiste en reconocer que cada día hace que la vida –tal y como es, con toda su concreción– se llene de esperanza y de memoria.

De esperanza, porque nos abre de par en par a la realidad, porque fortalece cotidianamente en nosotros las ganas de construir, de ser fecundos.

---

[6] C. S. LEWIS, *Lejos del planeta silencioso* (Encuentro, Madrid 1994) 91.
[7] SCOLA, *Hombre-mujer*, 474.

De memoria, porque hace crecer continuamente en nuestro corazón un agradecimiento inagotable.

Y entonces uno se da cuenta de que ese primer encuentro era solo un comienzo, lleno de promesa, totalmente gratuito y totalmente confiado a su libertad.

Amar según el
designio de Dios

Para descubrir más a fondo el camino que comienza a partir del enamoramiento, esa vía que se abre para la libertad del hombre y de la mujer, puede ser una gran ayuda considerar cómo algunos grandes personajes han vivido esa experiencia.

Y, para ello, en vez de referirnos a los célebres don Juan y Casanova, preferimos fijarnos en un sencillo carpintero que vivió hace dos mil años: José, el prometido de la Virgen María.

Ciertamente no podemos negar que el caso de José sea único, verdaderamente singular. Sin embargo, si nos identificamos con su figura, con su historia, quizá podamos comprender un poco mejor cuál es el camino del amor.

Ante todo, volvamos a leer cómo el evangelio según san Mateo nos narra "el momento crítico" del noviazgo de José: «La generación de Jesucristo fue de esta manera: María, su madre, estaba desposada con José y, antes de vivir juntos, resultó que ella esperaba un hijo por obra del Espíritu Santo. José, su esposo, como era justo y no quería difamarla, decidió repudiarla en privado. Pero, apenas había tomado esta resolución, se le apareció en sueños un ángel del Señor que le dijo: "José, hijo de David, no temas acoger a María, tu mujer, porque la criatura que hay en ella viene del Espíritu Santo. Dará a luz un hijo y tú le pondrás por nombre Jesús, porque él salvará a su pueblo de sus pecados". Todo esto sucedió para que se cumpliese lo que había dicho el Señor por medio del profeta: "Mirad: la Virgen concebirá y dará a luz un hijo y le pondrán por nombre Enmanuel, que significa 'Dios-con-nosotros'". Cuando José se despertó, hizo lo que le había mandado el ángel del Señor y acogió a su mujer. Y sin haberla conocido, ella dio a luz un hijo al que puso por nombre Jesús» (Mt 1,18-25).

Bastaría intentar identificarse con los pensamientos, las dudas, los sentimientos y las decisiones de este hombre, José, pidiendo al Señor que nos conceda un corazón como el suyo, una mirada como la suya, para descubrir cuál es el camino del amor y cómo emprenderlo.

Intentemos, pues, contemplar el corazón de José. El relato evangélico nos presenta la sucesión de los personajes de una manera que no es en absoluto casual. En el versículo 18, en efecto, se lee: *La generación de Jesucristo fue de esta manera: María, su madre, estaba desposada con José.* Ante todo, se habla de Jesús, después de María y, finalmente, de José. Es como si el Evangelio nos quisiese decir: "atentos, que todo lo que se puede decir de José, es imposible comprenderlo si no se parte en primer lugar de Jesús y, después de su Madre, María". Todo lo que acontece en el corazón de José, se comprende mirando a Jesús y a María.

Este simple hecho abre ante nosotros un horizonte sin confines: todo lo que acontece en el corazón de un novio, de un hombre que ama, no puede ser comprendido solamente a partir de él, sino que es necesario partir de Jesús y, a continuación, de la mujer que Él le ha confiado para que la ame. Y lo mismo sucede en el caso de la novia. El significado del amor que viven, de sus deseos y de los proyectos buenos que abrigan en sus corazones, no se encuentra en ellos mismos, sino en un designio más grande –mejor aún: infinito– que, aunque les supere por todas partes, les invita a ser protagonistas.

Imaginémonos a José: ya se había prometido con María. Podemos suponer la alegría que vivía. Quién sabe si, mientras trabajaba, de vez en cuando se paraba un momento y pensaba: "¡me ha dicho sí a mí!". Quizá hasta estaba un poco orgulloso de ello… Evidentemente, casarse con María debía ser el sueño de todos los jóvenes de bien en aquel pueblo. ¿Acaso era posible encontrar una mujer mejor que ella? Casi con seguridad podemos pensar que, alguna vez, le habrá asaltado alguna duda: "¿estaré a la altura?, ¿no es verdaderamente demasiado para mí?". En realidad, son preguntas que brotan en el corazón de cualquier hombre o mujer que ame de verdad: ¿quién está tan loco como para pensar que es capaz de amar al otro como merece ser amado? Todos podemos reconocernos en esta experiencia: quisiera amar al otro como merece, pero ¡no soy capaz! Es un signo de la verdad del amor, del hecho de que se ama de verdad. Este hecho introduce en la experiencia afectiva un punto de "tristeza santa" o de "nostalgia"; una especie de punto de fuga que impide a los que se aman encerrarse en la relación entre los dos: el hombre y la mujer que viven con seriedad su experiencia amorosa, se dan cuenta de que es necesario algo más para que su amor se pueda cumplir plenamente. Azorín lo expresa con particular intensidad: «Yo he sentido muchas veces esas tristezas indefinidas; era muchacho; en los veranos iba frecuentemente a la capital de la provincia y me sentaba largas horas en los balnearios, junto al mar. Y yo veía entonces, y he visto luego, alguna de estas mujeres misteriosas que, como el mar azul que se ensanchaba ante mi vista, me hacía pensar en lo Infinito»[1].

Ante una duda como esa, solo había una cosa que podía tranquilizar a José: "el Señor me la ha donado, que se haga en mí su voluntad. Seré su marido para cumplir el designio de Dios y para darle así gloria". José, en efecto, era un hombre justo, un hombre que quería vivir según el designio de Dios, quería vivir para la gloria de Dios, y su matrimonio con María estaba inscrito en la justicia que le caracterizaba. ¿Y nosotros? ¿Cuántas veces al mirar a la persona que amamos, pensamos: "es un don del Señor"? ¿Somos conscientes de que la aventura del amor está inscrita en un designio más grande que nosotros mismos, un designio que tiene que ver con toda la historia y todo el universo?

José era justo y vivía su relación con María en el horizonte del designio del Padre. Pero esta convicción profunda con la que vivía, todavía tenía que nacer desde lo hondo de su experiencia de hombre enamorado, tenía que nacer del sacrificio que supone acoger la medida del Padre, del sacrificio de aceptar que, para poder decir todo su amor por María, tenía que reconocer la primacía del designio del Padre: *antes de vivir juntos, resultó que ella esperaba*

---

[1] AZORÍN, "Esas mujeres", de "Las confesiones de un pequeño filósofo", en: ID., *Obras selectas* (Espasa Calpe, Madrid 1998) 92.

un hijo por obra del Espíritu Santo. Estamos ante el anuncio del mayor acontecimiento de la historia de los hombres: el Hijo de Dios ha querido hacerse hombre para compartir la vida de los hombres, morir por ellos y resucitar para darles una vida nueva. Un acontecimiento que se ha introducido en la vida de José poniendo todo patas arriba. Fijémonos ahora no tanto en lo que ha pasado en el corazón y en la mente de José. Fijemos nuestra mirada en el hecho mismo: María, la prometida de José, por obra del Espíritu Santo, ha llegado a ser la Madre de Dios, la Madre del Misterio que hace todas las cosas. La presencia misteriosa de ese Hijo en el seno purísimo de María obliga a José a repensar su situación: ante este hecho nuevo es necesario tomar una decisión.

En este momento, José manifiesta la grandeza humana de su corazón, de su "justicia": *José, su esposo, como era justo y no quería difamarla, decidió repudiarla en privado.* El texto evangélico habla de *José, su esposo,* ayudándonos de este modo a intuir que su persona no podía ser comprendida al margen de la relación con María, su prometida: y esto antes de que fuesen a vivir juntos, es decir, antes del matrimonio en cuanto tal. A partir de este detalle, podemos poner en evidencia un rasgo esencial de la relación amorosa: ella lleva consigo, desde el primer instante en el que surge, la huella de lo definitivo, del *para siempre*[2]. Aunque todavía no haya madurado en el sí del matrimonio, todo en el amor pide ser definitivo. José manifiesta la grandeza de su corazón. ¿Cómo? Dejando abierta la pregunta sobre lo que ha acontecido. No tiene la pretensión de considerarse juez, de

---

[2] Cf. A. Scola, *La "cuestión decisiva" del amor: hombre-mujer* (Encuentro, Madrid 2003) 65-75.

decidir cómo interpretar el embarazo de María. Ha vivido su noviazgo con el deseo de cumplir la voluntad del Padre y, en este momento, obedece una vez más a esta voluntad, aunque no comprende su significado misterioso. No quiere interpretar los hechos, y no quiere permitir que otros los interpreten. En esto se manifiesta la rectitud del corazón de José: "¿Quién eres tú –podemos imaginar que ha pensado– para intentar encasillar la vida de tu prometida en tus pensamientos, en tus esquemas?". ¡Cómo cambiarían las relaciones –incluidas las relaciones entre marido y mujer, y entre los novios– si fuesen vividas con esta pureza de corazón, con este deseo de no medir al otro, de no tratar al otro como si tuviésemos la clave para comprenderlo, como si nosotros fuésemos sus dueños!

José deja a Dios ser Dios, y el Señor no le deja sin respuesta: *Pero, apenas había tomado esta resolución, se le apareció en sueños un ángel del Señor que le dijo: "José, hijo de David, no temas acoger a María, tu mujer, porque la criatura que hay en ella viene del Espíritu Santo. Dará a luz un hijo y tú le pondrás por nombre Jesús, porque él salvará a su pueblo de sus pecados".* También José tuvo su anunciación, también a él se le pidió su *hágase en mí según tu palabra*, su *fiat* a la voluntad del Padre, a su designio de salvación.

El ángel se apareció a José y le desveló el significado de lo que había acontecido, de su relación con María y de su misión.

Y a nosotros ¿también se nos aparece un ángel? ¿Dónde podemos encontrar luz para comprender el significado del deseo de amar y de ser amados, del amor que sentimos? ¿Dónde y cómo se abre para nosotros el horizonte infinito de nuestra misión? El ángel posee, en nuestra historia, el rostro de la comunidad cristiana. Volveremos más adelante sobre este punto. Por ahora, es suficiente decir que el seno en el que puede florecer, de manera equilibrada y completa, la relación entre el hombre y la mujer es la comunidad cristiana. La comunidad abre continuamente el corazón e impide que se vuelva árido secundando su miseria y su medida mezquina.

Las palabras del ángel a José son impresionantes: *José, hijo de David*. El ángel devuelve a José toda la dignidad de su persona y de su familia: él es de la estirpe del rey David, la familia a la que está vinculado el cumplimiento de la promesa mesiánica del Señor. De este modo, el ángel sitúa inmediatamente a la persona de José en el horizonte de la historia de la salvación. También la comunidad cristiana nos hace presente que nuestra vida no es el fruto de la casualidad, sino que ha sido querida desde la eternidad como una tesela preciosa e insustituible del mosaico de la misericordia de Dios con los hombres.

No temas acoger a María, tu mujer. No temas: son las mismas palabras que el ángel había dirigido a María tras la anunciación (cf. Lc 1,30). *No temas*: son palabras que devuelven la serenidad, es decir, que permiten intuir que delante de Dios y de su designio de salvación no hay objeción posible. No soy capaz, no soy digno, no podré hacerlo, no tengo ganas... nada de todo esto supone, en última instancia, una objeción al designio de Dios para quien lo abraza y se abandona a él.

Pero quizá podamos leer estas palabras en otro sentido. *No temas acoger a María, tu mujer*: no pienses que María ya no es tu esposa, no pienses que la has perdido, porque ella es y seguirá siendo tu esposa. Es como si el Señor dijese a José: "La medida de tu relación con María ya no es tuya, es mía y, sin embargo, María sigue siendo tu esposa. Más aún, ahora lo es como nunca lo ha sido antes: nunca antes ha sido tan plenamente tu esposa". ¿Por qué? *Porque la criatura que hay en ella viene del Espíritu Santo.* "Porque lo que define su rostro de Madre y de Esposa es este Hijo mío, a quien he querido entregar en manos de los hombres".

José no es un puro espectador de todo este misterio. Se le llama para que lleve a cabo hasta el fondo su papel, se le pide vivirlo como protagonista: *"Dará a luz un hijo y tú le pondrás por nombre Jesús".* La Virgen dará a luz, pero será José quien dé el nombre de Jesús al Hijo de Dios. Es como si el Señor le dijese: "Te he dicho que María es y seguirá siendo tu esposa, ahora te digo que tú serás padre y que tu vida será fecunda. Tampoco a esto tienes que renunciar, solamente debes vivirlo según la medida de mi corazón y de mi designio, no según tu medida". Y el Evangelio nos narra que eso fue exactamente lo que sucedió: *Cuando José se despertó, hizo lo que le había mandado el ángel del Señor y acogió a su mujer. Y sin haberla conocido, ella dio a luz un hijo al que puso por nombre Jesús.* José llegó a ser esposo y padre según una medida nueva: más completa, más abundante, antes inimaginable. Y fue él quien le puso el nombre de Jesús –salvación del pueblo– al Hijo de Dios. De él y de su mujer, María, el Hijo de Dios aprendió su propio nombre, ese nombre que el pueblo cristiano invoca hablando del *dulce nombre de Jesús*, porque es el nombre de nuestra salvación.

A lo largo de todos los años de la infancia de Jesús, este misterio fue la trama de las jornadas de José. Habían pasado doce años. La Sagrada Familia había ido a Jerusalén por la fiesta. Cuando llegó el momento de volver a casa, Jesús permaneció en el templo, y María y José, al no encontrarlo en la caravana, volvieron de prisa y corriendo a Jerusalén para buscarlo. El

Evangelio según san Lucas continúa la narración con estas palabras: «Al verlo, se quedaron atónitos, y le dijo su madre: "Hijo,
¿por qué nos has tratado así? Tu padre y yo te buscábamos an-
gustiados"» (Lc 2,48). ¡Qué conmoción debió sentir el corazón
de José cuando escuchó, de labios de María, las palabras: "tu
padre y yo"! ¡Él era "su padre"! De modo misterioso y fuera de
toda medida, era posible llamarle "su padre". La misma María
lo había llamado así, y eso que ella sabía bien todo lo que había
acontecido.

Quizá fue en ese momento cuando el corazón de José quedó sellado para siempre por la certeza de que su vida estaba
cumplida, de que su existencia era la vida de un hombre cumplido.

Aquel que puede cumplir
el corazón del hombre

La historia de José, su vocación tan singular y única, nos ha acompañado a la hora de comprender un poco más que Jesús abre un horizonte infinito al amor entre el hombre y la mujer. No podemos pretender conocerlo, dominarlo, medirlo: siempre hay otra cosa y algo distinto respecto a lo que nosotros pensamos. Pero, sobre todo, siempre hay algo más grande, siempre hay un *más allá* de belleza.

Para descubrirlo, es necesario que miremos con los ojos de Jesús. O, para ser más precisos, es necesario mirar a Jesucristo, es decir, ir tras Él, seguirlo, identificarnos con Él... Quien ve a Cristo, ve al Padre (cf. Jn 12,45), es decir, ve a Aquel que da al hombre su existencia y su nombre propio. Deberíamos mirar a Jesús paso a paso, durante toda su vida, desde Belén hasta la Pascua: desde su bautismo en el Jordán hasta su ministerio público en Galilea, cuando predicaba, hacía milagros y curaciones, discutía con los fariseos, hasta llegar a los días de su pasión y muerte en cruz que le condujeron a su gloriosa resurrección y al don del Espíritu Santo a la Iglesia. Por lo menos, detengámonos para contemplar algún episodio de su vida, pidiendo la gracia de dejarnos tocar por él, para que nuestra libertad se ponga en movimiento.

a) *La pretensión de Jesús*

Jesús ha elegido a sus discípulos, ha comenzado su ministerio público, su predicación, y a medida que habla y se mueve, los que le escuchan, más o menos conscientemente, comienzan a intuir que este rabino tiene algo de particular. No se limita a hablar de la Ley como manifestación de la voluntad de Dios, sino que cuando recuerda el mandamiento principal –*amarás al Señor tu Dios con todo tu corazón*–, deja intuir que, de alguna manera, ese mandamiento tiene que ver con su propia persona.

Un día este rasgo tan radical de la predicación de Jesús salió a la luz con toda claridad. Así lo narra san Lucas: «Entonces decía a todos: "Si alguno quiere venir en pos de mí, que se niegue a sí mismo, tome su cruz cada día y me siga. Pues el que quiera salvar su vida la perderá; pero el que pierda su vida por mi causa la salvará. ¿De qué le sirve a uno ganar el mundo entero si se pierde o se arruina a sí mismo? Pues si uno se avergüenza de mí y de mis palabras, también el Hijo del hombre se avergonzará de él cuando venga en su gloria, en la del Padre y en la de los ángeles santos"» (Lc 9,23-26).

No es difícil imaginarse la impresión que estas palabras debieron producir en los oídos y en los corazones de quienes escuchaban y seguían a Jesús. Más profundo aún debió ser el contragolpe que sintieron los que miraban a Jesús con escepticismo y también aquellos que, poco a poco, eran cada vez más hostiles a Él.

En el texto evangélico impresiona, en primer lugar, este detalle preciso: *Entonces decía a todos: a todos.* Acababa de anunciar a sus discípulos que iba a sufrir la pasión. E, inmediatamente después, plantea *a todos* la gran cuestión. *A todos* significa que la vida de cada uno de nosotros –cualquiera que sea nuestra situación, la circunstancia en la que estamos viviendo, nuestro pasado, nuestros defectos o nuestras virtudes, nuestras esperanzas e ilusiones... es decir, en cualquier caso– está llamada a hacer las cuentas con la pretensión de este Hombre, que es el Hijo de Dios: *el que quiera salvar su vida la perderá; pero el que pierda su vida por mi causa la salvará.* Y, además, Jesús hace que su provocación sea todavía más explícita: no darle la vida –no perder la vida por Él–, aun en el caso de que hiciese ganar el mundo entero, conduce sin remedio a perderse, a arruinarse, a tirar por la borda la propia vida. ¡Y se habla de la vida, no solo de un aspecto particular de la misma!

Pues bien, esta es la pretensión que Jesús tiene delante de todos los hombres y, por tanto, también delante de los enamorados.

Cuando uno se enamora tiene clara la percepción de haber encontrado un punto de certeza, de seguridad en la vida. Es una percepción que crece a medida que el amor y la relación que genera van madurando: cuando uno decide casarse, lo hace porque es consciente del don y del bien que el otro constituye para su vida. ¿Qué tienen que ver, entonces, las palabras de Jesús, su pretensión, con esta experiencia? ¿Acaso pretende el Señor ponerse en el lugar de la persona amada?

Para responder a estas preguntas, es oportuno mirar de cerca la experiencia del amor. Ya nos hemos referido a ese punto de fuga que está presente en toda experiencia seria del amor: quien ama se da cuenta de que no está a la altura del amor con el que querría amar al otro y que el otro requiere. Es algo evidente de inmediato, y no necesita ninguna demostración. Pero este hecho implica un dato ulterior: si yo no soy capaz de amar al otro como merece ser amado –y esto está claro–, el otro no podrá encontrar en mí el cumplimiento definitivo de su sed de ser amado. Con otras palabras: yo no puedo pensar que soy la respuesta satisfactoria a la sed de amor del otro, ¡estaría loco! Basta con pensar en la precariedad de nuestra vida –continuamente amenazada por la muerte, aunque nos cueste reconocerlo–, para darse cuenta del profundo realismo de esta afirmación.

De este modo, la pretensión de Cristo se presenta ante nuestros ojos con una luz nueva. Si yo no puedo ser la respuesta cumplida al deseo de la persona que amo, y si me urge que pueda encontrar esa respuesta a su sed de ser amada (y en esto se ve que verdaderamente la amo), entonces la pretensión de Jesús no se presenta como una alternativa a mi amor, sino como la posibilidad de que el núcleo más gratuito de mi amor –el deseo de que el otro alcance su cumplimiento definitivo– pueda realizarse[1]. La "dureza" de la pretensión de Cristo se convierte en fuente de esperanza para mi vida.

---

[1] Tal y como dice Léon Bloy en el texto ya citado: «Yo amo a Dios en usted, para usted, a causa de usted y yo la amo perfectamente en Dios, como un cristiano debe amar a su esposa, y la idea de separar de cualquier manera esta bella llama de amor no cae bajo el discernimiento de mi espíritu», BLOY, *Cartas a mi novia*, 27.

Pero, ¿por qué Jesús nos habla de la necesidad de "tomar la cruz"? Porque dejar espacio a Cristo en la relación amorosa que vivimos, es decir, reconocer el espacio que en verdad le corresponde –el espacio debido al único que es capaz de colmar el corazón– implica sacrificio. Implica reconocer que el otro no me pertenece, no es mío, no está a mi disposición. Y, vista nuestra fragilidad, nuestro límite y nuestro pecado, este reconocimiento de hecho implica la cruz.

Si uno acepta este sacrificio, ¿qué sucede? Es el mismo Jesús quien nos lo dice: «Entonces dijo Pedro: "Nosotros hemos dejado nuestras cosas y te hemos seguido". Jesús les dijo: "En verdad os digo que no hay nadie que haya dejado casa o mujer o hermanos o padres o hijos por el reino de Dios, que no reciba mucho más en el tiempo presente y en la edad venidera vida eterna"» (Lc 18,28-30). Es la promesa del ciento por uno, o dicho con otras palabras: quien reconoce que únicamente Cristo cumple tanto el propio corazón como el corazón de la persona a la que ama, comienza a experimentar, ya durante su vida presente, en esta tierra, un amor cien veces mayor, más potente, antes imposible de imaginar.

b) *Hombre-mujer: el principio de ayuda*

Si consideramos atentamente lo que estamos diciendo, es imposible que no surja en nosotros la pregunta: "Pero, entonces, ¿qué lugar queda para quien amamos y por el que somos amados?". Si Cristo es el único que puede colmar mi corazón, ¿para qué ha puesto en mi camino al otro y me lo ha donado para que podamos tener una vida común y construir una familia?

Se trata de una pregunta muy radical porque, si nos la tomamos en serio, comenzamos a mirar al otro a la luz del designio de Dios, y no según nuestros proyectos. Jesús, para responder a esta pregunta, se refiere al célebre texto del libro del Génesis, es decir, fija su mirada en la voluntad original del Padre, en su designio original de salvación.

Leamos el relato de la creación de la mujer: «El Señor Dios se dijo: "No es bueno que el hombre esté solo; voy a hacerle a alguien como él, que le ayude". Entonces el Señor Dios modeló de la tierra todas las bestias del campo y todos los pájaros del cielo, y se los presentó a Adán, para ver qué nombre les ponía. Y cada ser vivo llevaría el nombre que Adán le pusiera. Así Adán puso nombre a todos los ganados, a los pájaros del cielo y a las bestias del campo; pero no encontró ninguno como él, que le ayudase. Entonces el Señor Dios hizo caer un letargo sobre Adán, que se durmió; le sacó una costilla, y le cerró el sitio con carne. Y el Señor Dios formó, de la costilla que había sacado de Adán, una mujer, y se la presentó a Adán. Adán dijo: "¡Esta sí que es hueso de mis huesos y carne de mi carne! Su nombre será 'mujer', porque ha salido del varón". Por eso abandonará el varón a su padre y a su madre, se unirá a su mujer y serán los dos una sola carne. Los dos estaban desnudos, Adán y su mujer, pero no sentían vergüenza uno de otro» (Gén 2,18-25).

Jesús se referirá precisamente a esta página del Génesis en su discusión con los fariseos sobre la posibilidad del divorcio (cf. Mt 19,3-11). La respuesta a la pregunta que nos hemos planteado, la encontramos al comienzo del relato: *voy a hacerle a alguien como él, que le ayude*. Aquí está el gran misterio del amor entre el hombre y la mujer: ser él uno para el otro una ayuda para reconocer a Aquél que es el único que puede colmar el corazón de ambos. El lugar del otro es el lugar de la ayuda que necesito concretamente para que yo pueda recorrer el camino hacia el cumplimiento total de mi persona según el designio del Padre. Reconocer este hecho hace nacer en el corazón de los cristianos, ante todo, un agradecimiento inmenso ante la presencia de la persona amada: la reconocemos como el signo objetivo y elocuente del Misterio que hace todas las cosas y que llevará a cumplimiento la obra buena que ha iniciado en mí dándome la vida. Además, la conciencia del lugar propio de la persona amada, se encuentra en el origen del deseo de respetar su camino, más aún, de favorecerlo lo más posible. De este modo, amar al otro significa tener el deseo de ser para él una ayuda cada vez mayor para su camino, de hacer cada día más sencillo su *hágase en mí según tu palabra*, más sencillo y más libre, es decir, de ayudarle cada día más a abandonarse al Señor.

Únicamente Jesucristo, dándonos la posibilidad de participar a la vida misma de Dios –la Vida del Padre, del Hijo y del Espíritu Santo–, puede satisfacer plenamente la sed de amor que habita en el corazón de cada hombre. Al mismo tiempo, el camino más sencillo y cotidiano que el Señor ha dado a los hombres para reconocer este dato es el camino del amor entre el hombre y la mujer, que llegan a ser el uno para el otro ayuda, más intensa cuanto más consciente. En estas dos afirmaciones se encierra la dinámica fundamental del amor tal y como es vivida por los cristianos desde el principio.

Paul Claudel, uno de los más importantes poetas y dramaturgos católicos franceses del siglo XX, nos ofrece una página de su obra *El zapato de raso*, en la que expresa con gran belleza lo que estamos diciendo. Se trata de un diálogo entre una mujer y un hombre que tiene como contenido el amor que él siente por ella. Don Camilo se dirige a Doña Proeza diciéndole: «Si tan vacío estoy de todo, es para hallarme en mejor disposición de recibiros». Y a la respuesta perfecta pero, en última instancia, incompleta que ella le da –«Solo Dios colma»–, don Camilo opone el camino cotidiano del amor: «¡Quién sabe si no sois vos la única capaz de acercarme a ese Dios!»[2].

c) *Los rasgos del amor*

El amor, vivido en la perspectiva que estamos exponiendo, está caracterizado inmediatamente –al menos como tensión ideal que habita en el corazón de los que se aman– por dos rasgos que son propios del modo en el que Dios ama a los hombres, tal y como lo podemos contemplar en la entrega que Jesús hace de su vida: la gratuidad y el *para siempre*.

Amar al otro como ayuda que Dios me da para seguir a Jesús, para que se cumpla en mí el designio del Padre, introduce la gratuidad en la dinámica cotidiana de la relación. Decae la lógica del cálculo, del hacer las cuentas, y se abre ante nosotros el camino del don gratuito. «Habéis oído que se dijo: "Amarás a tu prójimo" y aborrecerás a tu enemigo. Pero yo os digo: Amad a vuestros enemigos y rezad por los que os persiguen, para que seáis hijos de vuestro Padre celestial, que hace salir su sol sobre malos y buenos, y manda la lluvia a justos e injustos. Porque,

---

[2] P. CLAUDEL, *El zapato de raso* (Encuentro, Madrid 2009) 31.

si amáis a los que os aman, ¿qué premio tendréis? ¿No hacen lo mismo también los publicanos? Y, si saludáis solo a vuestros hermanos, ¿qué hacéis de extraordinario? ¿No hacen lo mismo también los gentiles? Por tanto, sed perfectos, como vuestro Padre celestial es perfecto» (Mt 5,43-48).

Las palabras de Jesús son la descripción de una relación gratuita, como la que el Padre celeste tiene con nosotros: ¡Él no espera nuestra respuesta para hacer salir el sol! Se trata de la posibilidad de afirmar al otro y su bien siempre y en cualquier circunstancia, sin esperar nada a cambio. Son palabras que nos ayudan a intuir que, en la relación gratuita, desaparecen los confines y cuanto más se dona, más se recibe. Como afirma Julieta en la célebre obra de Shakespeare: «Tan pródiga soy como el mar y tan hondo mi amor. Tanto como te doy recibo yo, pues son uno y otro infinitos»[3].

Siempre y en cualquier circunstancia: este es el segundo rasgo al que tenemos que referirnos brevemente. «Se acercaron a Jesús unos fariseos y le preguntaron, para ponerlo a prueba: "¿Es lícito a un hombre repudiar a su mujer por cualquier motivo?". Él les respondió: "¿No habéis leído que el Creador, en el principio, los creó hombre y mujer, y dijo: 'Por eso dejará el hombre a su padre y a su madre, y se unirá a su mujer, y serán los dos una sola carne'?". De modo que ya no son dos, sino una sola carne. Pues lo que Dios ha unido, que no lo separe el hombre". Ellos insistieron: "Y por qué mandó Moisés darle acta de divorcio y repudiarla?". Él les contestó: "Por la dureza de

_____

[3] W. SHAKESPEARE, *Romeo y Julieta*, acto II, escena II (Cátedra, Madrid 2000) 206-209.

vuestro corazón os permitió Moisés repudiar a vuestras mujeres; pero, al principio, no era así. Pero yo os digo que, si uno repudia a su mujer —no hablo de unión ilegítima— y se casa con otra, comete adulterio". Los discípulos le replicaron: "Si esa es la situación del hombre con la mujer, no trae cuenta casarse". Pero él les dijo: "No todos entienden esto, solo los que han recibido ese don"» (Mt 19,3-11).

No se puede decir con verdad "te amo" sin añadir inmediatamente "para siempre": es la ley propia del amor, que pide durar, ser definitivo. Este rasgo del amor adquiere su forma definitiva en el matrimonio indisoluble, sin embargo –y es muy importante recordarlo–, se encuentra en el núcleo de la experiencia amorosa desde el primer instante. En efecto, establecer un vínculo definitivo es el único horizonte adecuado del noviazgo: un hombre y una mujer empiezan a estar juntos no para pasar el tiempo, sino con la tensión de construir para siempre, con el horizonte del matrimonio indisoluble. Independientemente de cuándo será el momento adecuado para casarse, la tensión del *para siempre* es la garantía de la relación entre el hombre y la mujer. En efecto, si dicha relación existe como una ayuda objetiva para el camino hacia el Padre solo puede ser pensado como algo definitivo.

Al concluir estas reflexiones podría surgir en nuestro corazón la misma objeción que tuvieron los apóstoles: *Si esa es la situación del hombre con la mujer, no trae cuenta casarse.* Estas palabras son, sobre todo, la confesión de la propia impotencia a la hora de vivir una perspectiva tan grande. Y así la escucha Jesús. Por eso responde: *No todos entienden esto, solo los que han recibido ese don.*

Nosotros los cristianos, por la misericordia de Dios, hemos recibido ese don. Se nos ha concedido la gracia de asomarnos a ese horizonte infinito del amor del Padre, a través de la participación en ese don que hemos recibido en nuestra iniciación cristiana. Más aún, se nos ha concedido la posibilidad de vivir este amor: y ello en virtud de la iniciación cristiana (bautismo, confirmación y Eucaristía), del don de la fe y de la pertenencia eclesial.

Aquel que nos ha llamado llevará a buen puerto la obra que ha comenzado en nosotros, su designio de salvación. A nosotros nos toca ser agradecidos y mendigar su gracia, cotidianamente y con humildad.

Vivir en la verdad

Cuando nos asomamos al horizonte del amor según el designio de Dios es posible encontrar en el corazón sentimientos aparentemente contradictorios. Por una parte, percibimos la belleza de las palabras que hemos escuchado, del horizonte que abre de par en par la mirada de Jesús sobre la experiencia del amor entre el hombre y la mujer. Por la otra parte, es posible que ese mismo horizonte nos provoque vértigo. "Es tan grande y bello que no puede llegar a ser real", "quizá para otros, pero para mí eso es imposible". Y, de este modo, el escepticismo puede sutilmente sustituir al asombro que nos había invadido.

Este riesgo que, en cierta medida, es casi inevitable –¡estamos demasiado acostumbrados a medirnos!– es el indicio de una pregunta absolutamente razonable. La pregunta de cómo es históricamente posible para el hombre y la mujer experimentar el amor tal y como Jesús se lo propone concretamente. Es la pregunta por el camino, por el itinerario que estamos llamados a recorrer. En efecto, no serviría de nada conocer la meta si se nos negase la posibilidad de recorrer el camino, si la senda necesaria para alcanzar esa meta fuese desconocida para nosotros

Por esta razón, el próximo paso de nuestra propuesta es preguntarnos por el camino del amor. Para ello es útil darnos cuenta de que Jesús mismo fue consciente de la necesidad de plantearse esta cuestión. En efecto, Él no nos dijo simplemente que era "la verdad y la vida", sino que afirmó de sí mismo: «Yo soy el camino, la verdad y la vida» (Jn 14,6). Para conocer el camino que nos desvela la experiencia del amor tenemos que mirar de nuevo a Jesús: Él es, en efecto, el camino.

Dos son las indicaciones fundamentales de este camino. La primera describe, en la medida de lo posible, el contenido más profundo e íntimo del corazón de Jesús, es decir, describe su relación con el Padre. La segunda nos introduce en el modo con el que Jesús mismo miraba y poseía la realidad y a las personas.

Nos estamos refiriendo a dos rasgos de la vida de Jesús que la tradición de la Iglesia ha identificado hablando de dos grandes virtudes: la obediencia y la castidad. Es necesario hablar de estas virtudes para comprender que son las que permiten que el amor crezca, viva en la verdad. Nos interesa, por tanto, hablar de la obediencia y de la castidad –siempre con nuestra mirada puesta en Jesús– para comprender dos indicaciones fundamentales del camino que conduce a la verdad del amor. O, por decirlo con san Pablo, dos indicaciones que llevan adelante el amor. En efecto, dice san Pablo en la carta a los Filipenses: «Esta es nuestra confianza: que el que ha inaugurado entre vosotros esta buena obra, la llevará adelante hasta el Día de Cristo Jesús» (Flp 1,6). Para que la libertad del hombre y de la mujer recorra el camino que conduce al cumplimiento, para que pueda alcanzar la verdad del amor a la que el Padre le llama, es necesaria una educación, es necesario ser acompañados y sostenidos en el camino de la verdad. Obediencia y castidad están al servicio de este camino, de esta educación.

a) *La obediencia: amar con el corazón de Jesús*

Siempre es muy osado intentar vislumbrar las entrañas del corazón de Cristo, el Hijo de Dios que se ha hecho hombre, intentar conocer su núcleo más profundo, el motor íntimo que rige su vida. Es más, este intento no tendría ninguna posibilidad de éxito, si no fuese porque el mismo Jesús nos confía "el secreto" de su vida.

Una de las ocasiones en las que nos abrió la profundidad de su corazón es el episodio de la samaritana, que san Juan nos narra en el capítulo cuatro de su evangelio. El extraordinario diálogo con esta mujer, que había estado con muchos hombres y, sin embargo, hasta ese momento no había sabido nunca qué significaba ser amada, concluye con la carrera de la samaritana para ir a contar a sus paisanos lo que le había sucedido. Los discípulos, que habían vuelto del pueblo, retoman la conversación con Jesús con un tenor que les habrá parecido más concreto y útil, respecto a lo que hasta entonces había estado diciendo su maestro a aquella mujer. Leemos en el Evangelio: «Mientras tanto sus discípulos le insistían: "Maestro, come". Él les dijo: "Yo tengo un alimento que vosotros no conocéis". Los discípulos comentaban entre ellos: "¿Le habrá traído alguien de comer?". Jesús les dice: "Mi alimento es hacer la voluntad del que me envió y llevar a término su obra"» (Jn 4,31-34).

Se trata de uno de esos clásicos diálogos del evangelio según san Juan en los que el Señor se revela a partir de un malentendido con el interlocutor. En este caso, el punto de partida del "equívoco" es la comida, el alimento. Y es muy bello que sea así, porque eso nos indica que estamos hablando de algo muy concreto, de algo necesario para la vida. La comida indica lo que sustenta la existencia, lo que le permite crecer, lo que hace vivir y madurar. El que no come, acaba muriéndose. Pues bien, en este contexto Jesús "juega" con sus discípulos y los introduce en la intimidad de su corazón. Es como si dijese: "queréis que coma, estáis preocupados porque hemos caminado juntos y estamos cansados, porque es necesario que descansemos y nos alimentemos; si no lo hacemos, no será posible seguir adelante, no vamos a resistir… Pero mirad: yo vivo de otra cosa, lo que sostiene concretamente mi vida, la sustancia de mi vida, lo que la hace crecer y madurar es otra cosa: es mi relación con el Padre". Y Jesús explicita muy claramente cuál es el contenido de esa relación: *Mi alimento es hacer la voluntad del que me envió y llevar a término su obra.*

Por esta razón hablamos de obediencia: porque es así como Jesús describe su relación con el Padre.

Jesús sabe que Él es el Hijo, sabe que no puede decir *yo* sin hacer referencia al Padre que lo engendra. Y no solo durante su vida mortal, sino eternamente: Jesús es el Hijo eterno de Dios, procede eternamente del Padre. Sabe que es Él mismo precisamente en esta relación: la dependencia del Padre es constitutiva de su Persona. Y esta dependencia, la única que puede decirnos quién es Jesús, se expresa concretamente en la entrega de su vida para que se cumpla la obra del Padre, en la entrega de su vida por amor de Aquel que le ha enviado. El nombre concreto del amor de Jesús, ese motor íntimo que rige y gobierna cada una de sus acciones, es la obediencia.

¿Por qué es importante hablar en estos términos para comprender el camino que debe recorrer el amor para ser verdadero, para alcanzar su verdad? ¿Qué tiene que ver la obediencia de Jesús respecto al Padre con la relación entre el hombre y la mujer que se aman? ¿Acaso los que se aman están llamados a obedecerse recíprocamente? Nos puede ayudar a comprender la importancia de la obediencia para el camino del amor entre un hombre y una mujer, un pasaje de la novela de Clives Staples Lewis *Esa horrible fuerza*. Es una gran alegoría del mundo contemporáneo, de la pretensión por parte de la técnica de sustituir a la libertad, del papel del cristianismo en nuestros días... El fragmento que nos puede ayudar relata el encuentro entre la protagonista –Jane– y un anciano director que, en la novela, representa la mentalidad que nace de la fe en Cristo.

Dice así: «"Dirían que no dejaste de obedecer a través de una falta de amor, sino que perdiste el amor porque nunca intentaste la obediencia"– contestó. (...) "Creía que el amor significaba igualdad y libre compañerismo", dijo ella. "¡Ah, igualdad!" –dijo el Director–. "Debemos hablar sobre eso en otra ocasión. Sí, todos debemos ser protegidos por derechos iguales de la codicia de los demás, porque hemos caído. Así como debemos usar ropa por el mismo motivo. Pero el cuerpo desnudo debería estar bajo las prendas, madurando para el día en que ya no las necesitemos. La igualdad no es lo más profundo, sabes". "Siempre pensé que sí, pensaba que era en las almas que las personas eran iguales". "Estabas equivocada –dijo él con gravedad–; es el último lugar en el que son iguales. Igualdad ante la ley, igualdad de ingresos: todo eso está muy bien. La igualdad custodia la vida, no la hace. Es remedio, no comida. Daría lo mismo que trataras de calentarte con un libro de informes oficiales". "Pero con seguridad, en el matrimonio...". "Peor aún, peor aún –dijo el Director–. El noviazgo no la conoce, tampoco el goce. ¿Qué tiene que ver el libre compañerismo con eso? Los que disfrutan o sufren algo juntos, son compañeros. Los que se disfrutan o sufren entre sí, no»[1].

El agudo escritor inglés dice: *perdiste el amor, porque nunca intentaste obedecer.* ¿Qué significa esto? Si lo leemos a la luz del corazón de Cristo quizá seamos capaces de intuir de qué se trata. ¿Por qué Jesús vive para la obra del Padre? Porque el Padre es todo su cumplimiento, toda su gloria, toda su felicidad podríamos decir. La obediencia es el camino sencillo del cumplimiento, lo que mejor nos dice quién es Él. Del mismo modo, en el amor entre un hombre y una mujer, apenas uno se da cuenta de que el otro le ha sido donado gratuitamente como *ayuda* objetiva para caminar hacia el propio cumplimiento, para reconocer a Cristo como el único que puede cumplir nuestro corazón, para vivir según el designio del Padre, entonces brota con claridad la razonabilidad de seguirle, de obedecer al don recibido. Aquí obediencia significa adhesión objetiva al don (ayuda) que el Señor da al hombre y a la mujer en la vida para conducirlo hasta Él, para que tenga vida y vida en abundancia. Perder el amor porque no se obedece, significa cerrarse a la verdad y a la madurez del amor porque no se está dispuesto a plegar la propia vida

---

[1] C. S. Lewis, *Esa horrible fuerza* (Encuentro, Madrid 1994) 194-195.

al signo objetivo que el Señor le da para alcanzar esa verdad. Si solo un don gratuito puede cumplir el corazón del hombre y de la mujer, entonces a ellos les corresponde acoger este don, es decir, obedecer a este don, seguirlo, secundarlo con todas sus fuerzas.

¿Cuál es el signo de que el hombre y la mujer viven en obediencia la relación con la persona que el Señor les ha dado? Es muy sencillo: no se defienden, no viven a la defensiva, buscando salvar su espacio, salvaguardar su autonomía.

Esta obediencia –como sucedió con el propio Jesús– tendrá momentos en lo que se manifestará con gran claridad como un bien precioso y amable, como cuando Jesús habla de ella como de su alimento. En otras circunstancias, tendrá el rostro del sacrificio, de la lucha dolorosa, el rostro de Getsemaní. Sin embargo, en ambos casos seguir a la persona que el Señor nos ha donado para que la amemos significa afirmar el vínculo con ella como criterio fundamental. Y ello precisamente porque nos ha sido donada. A la luz de este hecho se comprenden las palabras de la carta a los Efesios: «Sed sumisos unos a otros en el temor de Cristo» (Ef 5,21). Son las palabras con las que comienza el célebre fragmento sobre el matrimonio.

Una última nota significativa. La obediencia custodia la verdad del amor, también con el sacrificio, pero la custodia para hacerla crecer, para que se cumpla ya en la experiencia de aquellos que se aman. Podemos decir que, en la relación amorosa, la obediencia es la afirmación permanente del vínculo, la lucha cotidiana contra la autonomía, la virtud de aquellos que se saben objetivamente vinculados en el camino hacia su cumplimiento.

b) *La castidad: el modo de mirar y poseer propios de Cristo*

Pero la obediencia no es la única virtud necesaria para custodiar la verdad del amor. Es necesario hablar de otra virtud que cumple y embellece la obra de la obediencia. Nos referimos a lo que la tradición de la Iglesia ha llamado siempre "castidad", pero que también podríamos llamar virginidad cristiana.

Es muy frecuente afirmar que, en la educación cristiana, se haya dado una cierta obsesión a propósito de la castidad. Sin embargo, no parece que, con realismo, se pueda decir que en nuestros días la castidad sea un tema omnipresente en la predicación o en la catequesis. Más aún, a veces parece que se tiene hasta miedo a la hora de referirse a ella. Como si ello supusiese entrometerse en un terreno demasiado personal, o como si se tuviese la impresión de que menos se habla, mejor. Y esto es injusto: es injusto no decir con claridad qué implica la verdad del amor, es injusto no abrir el horizonte de un amor más verdadero, más humano. Es injusto porque solo si conocemos la verdad, podremos ser libres: «conoceréis la verdad, y la verdad os hará libres» (Jn 8,32).

Empecemos diciendo que solo se comprende la castidad mirando a Jesucristo, es decir, intentado reconocer concretamente cómo Él miraba virginalmente y poseía las cosas y a las personas. Intentemos pensar en cómo Jesús ha mirado a su Madre María, a la Magdalena, a la mujer adúltera, a la cananea, a la viuda de Naín... Intentemos imaginar qué relación estableció con estas mujeres. Es imposible no caer en la cuenta de que la relación que Jesús estableció con ellas fue hasta el fondo una relación humana, cumplida, verdadera. ¿Cómo podemos describirla? Con una fórmula genial se ha hablado

de una "posesión en la distancia"[2]. Posesión en la distancia
significa una modalidad de poseer que sabe reconocer al otro
como otro, que no intenta aferrarlo, que está agradecido porque existe y por el mero hecho de que lo ha recibido como un
don. Mi corazón se alegra porque el otro existe, más aún que
por el bien que ello supone para mí. Si releemos todos los en-
cuentros de Jesús en los evangelios, podremos reconocer esta
modalidad de relación.

Hay un fragmento de la obra de teatro *Miguel Mañara*, de
Oscar Milosz, que ilustra muy bien cómo esta modalidad de relación puede ser vivida en el amor entre el hombre y la mujer. Es
un diálogo entre don Miguel, el caballero mujeriego que se ha
visto vencido por el amor puro de Jerónima, la otra protagonista
del diálogo. Dice así: «Don Miguel: "¿Os gustan mucho las flo-
res, Jerónima? Sin embargo, nunca las veo prendidas en vuestros
cabellos, ni tampoco sobre vuestra persona". Jerónima: "(…).
Nunca las recojo. Se puede amar perfectamente en este mundo
sin tener ansia de matar el amor, o de encerrarlo entre cristales,
o, como se hace con los pájaros, encerrarlos en una jaula donde
el agua ya no tiene el sabor del agua y las semillas del verano no
tienen ya el sabor de las semillas»[3]. Es impresionante la fuerza
expresiva del poeta. Y es impresionante percibir en las palabras
de Jerónima que lo que se quiere salvaguardar con este amor que
renuncia a aferrar al otro, a hacerlo prisionero, es la verdad del
amor: del mismo modo que se busca que el agua y las semillas

---

[2] Cf. L. GIUSSANI, *Afecto y morada* (Encuentro, Madrid 2004) 244.

[3] O. MILOSZ, *Miguel Mañara*, Segundo cuadro (Encuentro, Madrid 1991) 32-33.

puedan seguir teniendo su propio sabor, así la castidad permite que el amor pueda continuar teniendo el sabor del amor, es decir, de lo gratuito y del *para siempre*, como hemos dicho.

La castidad, por tanto, es la virtud que permite poseer con esta distancia dentro, la virtud que salvaguarda la verdad del amor. Esta conciencia se expresa concretamente en la modalidad con la que los novios y los esposos se tratan. También por cuanto respecta la expresión sensible del amor a través de los gestos corporales de afecto: la expresión corporal está llamada a corresponder al carácter definitivo del vínculo que une al hombre y la mujer. Por esta razón, el acto conyugal corresponde única y exclusivamente al matrimonio, porque solo en el matrimonio se da un vínculo definitivo que se expresa y se ha de expresar en la donación total, corpóreo-espiritual, de los esposos. En la vida conyugal, no decir con el propio cuerpo el sí definitivo del matrimonio es vivir en la mentira. Y por la misma razón, fuera del matrimonio, decir con el propio cuerpo más de lo que verdaderamente existe, es realizar un acto profundamente mentiroso.

Por otra parte, estamos hablando de algo que quien posee una aguda sensibilidad por lo humano sabe reconocer inmediatamente. En este sentido, vale la pena citar un fragmento de *Don Quijote de la Mancha*, de Miguel de Cervantes: «No se abrazaron unos a otros, porque donde hay mucho amor no suele haber demasiada desenvoltura. (…) El silencio fue el que allí habló por los dos amantes, y los ojos fueron las lenguas que descubrieron sus alegres y honestos pensamientos»[4].

---

[4] M. DE CERVANTES, *El ingenioso hidalgo don Quijote de la Mancha* II, LXV (Clásicos Castalia, Madrid 1991) 539.

La castidad, por tanto, no es la virtud de la renuncia –aunque implique la distancia–, sino de la posesión humana, de la posesión que sabe reconocer hasta el fondo que el otro es un don. Una vez más, el genio literario y cristiano de Lewis nos ayuda a reconocer esta profunda verdad: «El amor, dice Platón, es hijo de la necesidad. El cuerpo de Mark lo sabía mejor de lo que lo había sabido su mente hasta hacía muy poco, y hasta sus deseos sensuales eran el verdadero índice de lo que él carecía y Jane tenía para dar. Cuando ella había cruzado por primera vez el mundo seco y polvoriento que su mente habitaba, había sido como un chaparrón primaveral; él no se había equivocado al abrirse. Solo había errado al suponer que el matrimonio, por sí mismo, le daba el poder o el derecho de apropiarse de tal frescura. Ahora comprendía que era como creer que se puede comprar el crepúsculo comprando el campo sobre el que lo había visto»[5].

La castidad es esa virtud cristiana que nos ayuda a reconocer que el atardecer bello que ilumina nuestra vida siempre es un don gratuito.

c) *El perdón*

Hemos hablado de la obediencia y de la castidad como de las dos condiciones que permiten vivir la verdad del amor. Sin embargo, es necesario reconocer que no es infrecuente que nuestra libertad rechace obedecer e intente amar poseyendo al otro como si fuese su propiedad. La posibilidad del pecado está presente también en la experiencia del amor entre

---

[5] LEWIS, *Esa horrible fuerza*, 481.

un hombre y una mujer, igual que en todos los aspectos de nuestra vida.

¿Significa esto que obediencia y castidad son un ideal inalcanzable? Esta no es una pregunta teórica, por lo que nos conviene formularla en términos muy realistas: tras el pecado, tras el error, ¿es posible retomar, recomenzar?

«Después de comer, dice Jesús a Simón Pedro: "Simón, hijo de Juan, ¿me amas más que estos?". Él le contestó: "Sí, Señor, tú sabes que te quiero". Jesús le dice: "Apacienta mis corderos". Por segunda vez le pregunta: "Simón, hijo de Juan, ¿me amas?". Él le contesta: "Sí, Señor, tú sabes que te quiero". Él le dice: "Pastorea mis ovejas". Por tercera vez le pregunta: "Simón, hijo de Juan, ¿me quieres?". Se entristeció Pedro de que le preguntara por tercera vez: "¿Me quieres?" y le contestó: "Señor, tú conoces todo, tú sabes que te quiero". Jesús le dice: "Apacienta mis ovejas. En verdad, en verdad te digo: cuando eras joven, tú mismo te ceñías e ibas adonde querías; pero, cuando seas viejo, extenderás las manos, otro te ceñirá y te llevará adonde no quieras". Esto dijo aludiendo a la muerte con que iba a dar gloria a Dios. Dicho esto, añadió: "Sígueme"» (Jn 21,15-19).

Así nos relata san Juan el encuentro de Pedro, el traidor, con Jesús Resucitado, uno de los episodios más conmovedores de todo el evangelio. Se trata de un encuentro que solo se puede comprender a la luz de toda la historia de amistad entre Pedro y el Señor[6].

Pedro fue conducido por su hermano Andrés hasta el Señor: «Jesús se le quedó mirando y le dijo: "Tú eres Simón, el

---

[6] Cf. M. G. Lepori, *Simón, llamado Pedro* (Encuentro, Madrid 2016).

hijo de Juan; tú te llamarás Cefas" (que se traduce: Pedro)» (Jn 1,42). Desde el primer momento en el que lo conoció, Jesús mostró una predilección por Pedro. Una preferencia que confirmó en otros momentos clave como la transfiguración o la oración en Getsemaní. En ambas ocasiones, Pedro fue uno de los que Jesús eligió para que le acompañasen. El rudo pescador de Galilea había correspondido a esa preferencia de Jesús con todo el afecto de su corazón. Había sido él quien había respondido en voz alta: «"Tú eres el Mesías, el Hijo del Dios vivo"» (Mt 16,16), aunque poco después se hubiese equivocado gravemente al intentar disuadir a Jesús de llevar a cabo el designio del Padre (cf. Mt 16,22-23). Había sido Pedro el que había pronunciado esas palabras que, durante siglos, han permanecido como una de las expresiones más bellas del cristianismo: «"Señor, ¿a quién vamos a acudir? Tú tienes palabras de vida eterna"» (Jn 6,68). Había sido Pedro el que había querido defender a Jesús cuando fueron a prenderlo, y defenderlo incluso con la espada (cf. Mc 18,10), volviendo a equivocarse al pretender que Jesús no siguiese el camino marcado por el designio del Padre.

Pero también había sido Pedro –¡y cuánto habrá pesado en su corazón este pecado!–, quien, en la noche del Jueves Santo, negó por tres veces al amigo, a Aquel que había amado como a nadie en el mundo (cf. Jn 18,22-27). Intentemos imaginarnos qué inmenso dolor provocó en Pedro su traición. Al amor absolutamente gratuito de Jesús, le había respondido con la ingratitud; al vínculo definitivo, *para siempre*, que Jesús había establecido con él, le había respondido con una triple negación, con el rechazo repetido de ese vínculo.

¿Quién sabe lo que habrá experimentado el corazón de Pedro aquella mañana a la orilla del lago? Dice el evangelio que ninguno de los discípulos había osado preguntar a Jesús quien era *porque sabían bien que era el Señor* (Jn 21,12). ¡Cuánto temblaría su corazón! ¿Quizá se estaba imaginando, con vergüenza, el reproche que le esperaba? O, en cambio, quizá habrá buscado el modo más conveniente para expresar al Señor todo su dolor: ¡cuánto habría querido ser fiel! Pero, a lo mejor una grieta de escepticismo se había abierto camino en su corazón: "Aunque pueda retomar mi relación con Jesús, ¿quién me asegura que en adelante seré fiel?, ¿quién me asegura que no le volveré a traicionar?". Al ímpetu de su amor por el Maestro, quizá le sucedió un pequeño pero insistente desencanto: "no soy capaz, nunca podré amar como debería".

Pero este escepticismo es hecho pedazos por la pregunta de Jesús: *"Simón, hijo de Juan, ¿me amas más que estos?"* (Jn 21,15). La pregunta de Jesús no se refiere a su capacidad o no de ser fiel. Es una pregunta que se dirige a lo más profundo de su corazón, es decir, a su razón y a su libertad: "Pedro, ¿me amas? No te enredes con tu incapacidad, conozco bien tus debilidades, tú ¿me amas?".

Es una pregunta, pero, sobre todo, es el acontecimiento del perdón, es decir, del don renovado del amor de Cristo por Pedro. Aquí no se trata de un perdón que consista sencillamente en la posibilidad de cancelar el mal cometido, o de no tenerlo en cuenta. No. Nos encontramos ante algo mucho mayor. La pregunta de Cristo constituye la posibilidad de un verdadero nuevo inicio, de una reconstrucción real de la persona de Pedro y de su relación con el Señor. Estamos ante el acontecimiento de la misericordia, es decir, ante la afirmación del bien del otro entre los escombros de su pecado, para que pueda recomenzar. Tener misericordia significa reconocer que el otro no está definido, en última instancia, por su pecado, por su mal. Evidentemente esto solo es posible hacerlo, cuando se está dispuesto a cargar sobre las propias espaldas con el mal del otro, cuando se está dispuesto a hacerse cargo de dicho mal, en primera persona, asumiendo su precio. Al inicio del volumen citábamos unas palabras de Léon Bloy que reflejan la radicalidad del perdón: «Lo que hace mi amor por ti tan potente, amada mía, es que no has sentido asco ante mi oscuridad y mi miseria»[7].

Por esta razón, el perdón –es decir el don que se repite continuamente–, la misericordia, es la virtud eminente del amor: porque constituye la afirmación del otro precisamente cuando parecería imposible. El perdón es, de este modo, la única garantía realista del *para siempre* del amor y, al mismo tiempo, el sello de la gratuidad. El perdón es la posibilidad de custodiar cotidianamente el camino de obediencia y de castidad del amor. Perdonar significa decir: "no te amo porque des la talla, te amo sencillamente porque existes y, tal y como puedo y soy, me hago cargo de tu mal".

Así nos trata Dios nuestro Padre. Y nos concede la posibilidad de aprender a tratarnos y a mirarnos de esta manera. Superando todos los criterios de una mera justicia humana, haciendo a nuestra libertad capaz de una entrega que no podía ni imaginar, es decir, haciéndola capaz de 'perdón", de don permanente. Quien es perdonado, aprende a perdonar. Quien experimenta el

---

[7] Bloy, *Cartas a mi novia*, 188.

perdón, llega a ser protagonista del perdón ofrecido a los otros, para que también ellos puedan experimentarlo.

Este es el significado de la última palabra que encontramos en el episodio del diálogo de Jesús Resucitado con Pedro: *Dicho esto, añadió: "Sígueme"* (Jn 21,19). Seguir a Jesús en el camino de la entrega de la vida, en la vía del perdón y de la misericordia.

La morada del amor

Cuando retomamos los evangelios –sobre todo los de san Mateo y san Lucas– puede brotar en nosotros una pregunta: todos esos años de su infancia, de su adolescencia y juventud, pasados en Nazaret, en casa de José y la Virgen, ¿qué peso tuvieron en la vida de Jesús? La verdad es que no sabemos mucho de este período de más o menos treinta años que, normalmente, conocemos como la "vida oculta" de Jesús. Oculta no porque no se pueda conocer, sino porque han sido años de escondimiento en la normalidad de la vida cotidiana. Pero el evangelio no permanece completamente mudo respecto a estos años. San Lucas, en dos ocasiones, una antes de su visita al templo cuando Jesús tenía doce años (cf. Lc 2,40), y la otra inmediatamente después de que sus padres lo encontrasen allí mismo (cf. Lc 2,52), nos dice que durante aquellos años «Jesús iba creciendo en sabiduría, en estatura y en gracia ante Dios y ante los hombres». La casa de Nazaret fue testigo y lugar del crecimiento humano del

Hijo de Dios. Podemos decir con otras palabras que, quizá, nos ayudan más: Jesús tuvo una casa, una morada en la que poder crecer.

Esta es la cuestión que queremos afrontar ahora. Si incluso Jesús ha tenido una casa en la que crecer, en la que aprender, en la que ser custodiado para poder hacerse un adulto y prepararse para la misión que el Padre le había confiado, también nosotros deberíamos poder identificar una casa en la que ser educados y custodiados, en la que crecer. ¿Cuál es la casa del amor, la morada en la que puede crecer y llegar a ser maduro?

Respondamos inmediatamente: la comunidad cristiana, la Iglesia. En efecto, ¿cómo ha querido el Señor que pudiésemos encontrarnos con Él después de su ascensión al cielo? A través de su cuerpo que es la Iglesia, el pueblo de los cristianos. San Pablo lo recuerda con claridad a los corintios: «Pues, lo mismo que el cuerpo es uno y tiene muchos miembros, y todos los miembros del cuerpo, a pesar de ser muchos, son un solo cuerpo, así es también Cristo. Pues todos nosotros, judíos y griegos, esclavos y libres, hemos sido bautizados en un mismo Espíritu, para formar un solo cuerpo. Y todos hemos bebido de un solo Espíritu. (…) Y si un miembro sufre, todos sufren con él; si un miembro es honrado, todos se alegran con él. Pues bien, vosotros sois el cuerpo de Cristo, y cada uno es un miembro» (1Cor 12,12-13.26-27).

Son palabras que hablan de una unidad entre los hombres difícilmente imaginable. Pero, si nos paramos a pensarlo, se trata de la unidad que se manifiesta en cualquier comunidad cristiana. En efecto, las realidades de las que nos habla la Escritura podemos contemplarlas en el rostro de la Iglesia, es decir, en la vida de las comunidades cristianas. Pensemos en el reunirse de los cristianos todos los domingos para la celebración de la Eucaristía. Se juntan quizá sin conocerse antes, pero con la certeza de una unidad que los precede. Una unidad que no nace de su decisión: no se han elegido los unos a los otros, sino que han sido donados los unos a los otros para celebrar juntos el día del Señor. ¿Cuál es la fuente de esa unidad? Lo hemos escuchado en el fragmento de la Primera Carta a los Corintios: *hemos sido bautizados en un mismo Espíritu*. El don de la elección gratuita de la que nos ha hecho objeto el Señor en nuestro bautismo, el don de su Espíritu Santo, nos precede, se encuentra en la raíz de nuestro estar juntos. Un don que nos precede, continúa diciendo san Pablo, *para formar un solo cuerpo... judíos y griegos, esclavos y libres*. La finalidad de este don es hacer posible una unidad entre los hombres antes impensable: una unidad capaz de superar cualquier división de raza (judíos o griegos) o de condición social (esclavos o libres). Elegidos, por tanto, para ser una sola cosa, para vivir en unidad. ¿Cuál es la consecuencia? *Si un miembro sufre, todos sufren con él; si un miembro es honrado, todos se alegran con él*. La comunión llega a ser así la trama de la existencia de los cristianos, el principio de organización concreta de sus vidas: mi día a día está atravesado por la comunión que me precede y a la que pertenezco, hasta el punto de que sufro y gozo con las preocupaciones y las alegrías de aquellos que me han sido donados.

¿Cuál es, entonces, la morada, la casa del amor? La comunidad cristiana, esta comunión de hombres y mujeres generada por Cristo con el don de su Espíritu; hombres y mujeres que en virtud de ese don se conciben los unos como miembros de los otros, y todos miembros de un solo cuerpo. En esta casa mi vida es custodiada, soy educado, se me ofrece la posibilidad concreta de llegar a ser yo mismo, según la obra buena que el Señor ha diseñado para mí (cf. Flp 1,6).

Charles Péguy describe la realidad de la comunidad cristiana, de esta morada a la que nos estamos refiriendo, en una de las "Cinco oraciones en la catedral de Chartres", la *Oración de residencia*:

Lo que por todas partes es una resistencia
aquí no es más que seguimiento y compañía;
lo que por todas partes es prosternarse
aquí no es más que dulce y larga obediencia.

Lo que por todas partes es obligación
aquí no es más que ímpetu y abandono;
lo que por todas partes es una dura pena
aquí no es más que debilidad y levantamiento. (…)

Lo que por todas partes es una larga usura
aquí no es más que refuerzo y renovación;
lo que por todas partes es trastorno
aquí no es más que el día de la buenaventura. (…)

Lo que por todas partes es un vínculo
aquí no es más que una noble y fiel pertenencia;
lo que por todas partes es dar rodeos
aquí no es más que un transeúnte en vuestra casa[1].

---

[1] CH. PÉGUY, "Prière de résidence. Les cinq prières de la cathédrale de Chartres. La Tapisserie de Notre Dame", en: ID., *Œuvres poétiques complètes* (Gallimard, Paris 1975) 908-924, aquí 913-914.

Estar en nuestra casa: esta es la posibilidad de que el amor crezca y madure. Hemos visto que las condiciones para la verdad del amor son la obediencia y la castidad, custodiadas cotidianamente por la posibilidad de la misericordia. Pero son condiciones que necesitan un ámbito en el que florecer y en el que convertirse en verdaderos pasos del camino. Si no existiese la comunidad cristiana, la casa en la que crecer, sería como tener la masa del pan preparada, con su levadura (la obediencia y la castidad), pero no tener un horno para cocerlo. Sin el fuego del Espíritu Santo que abraza la masa del amor, amasado con la levadura de la obediencia y la castidad, nunca se podrá sacar del horno el buen pan de la unidad conyugal. La comunidad cristiana es este ámbito necesario para que el pan del amor pueda ser partido y distribuido, para que pueda saciar el hambre de los hombres. En la comunidad cristiana, como dice Péguy, la resistencia se convierte en posibilidad de seguimiento, prosternarse no es más que una gozosa obediencia, el peso del pecado llega a ser ocasión de misericordia, la fatiga del trabajo camino para el crecimiento, el trastorno un día de buenaventura, los vínculos la expresión del gozo de pertenecer... Es necesario haberse encontrado con una comunidad cristiana para comprender de qué estamos hablando: un grupo de hombres y mujeres que el Señor ha unido y constituido como signo objetivo de su presencia en el mundo.

«Donde dos o tres están reunidos en mi nombre, allí estoy yo en medio de ellos» (Mt 18,20). Las palabras de Jesús son literalmente verdaderas. Él mismo ha querido asegurar su verdad mientras volvía al Padre: «Y sabed que yo estoy con vosotros todos los días, hasta el final de los tiempos» (Mt 28,20). Así concluye el evangelio según san Mateo. Y así inicia la aventura cristiana a lo largo de los siglos, la aventura de reconocer la presencia del Resucitado en medio de nosotros.

¿Podemos describir un poco más detalladamente cómo la comunidad cristiana es la morada del amor, la casa en la que el amor puede crecer hasta llegar a asumir la medida del corazón de Cristo? Quizá nos pueda ayudar la lectura de la descripción de la primera comunidad de Jerusalén, tal y como la encontramos en los sumarios de los Hechos de los Apóstoles. Se trata de una descripción que resume la vida de los primeros cristianos y nos ofrece las claves esenciales de la vida de la comunidad, esas que nos ayudarán a crecer en el amor: «Y perseveraban en la enseñanza de los apóstoles, en la comunión, en la fracción del pan y en las oraciones. Todo el mundo estaba impresionado y los apóstoles hacían muchos prodigios y signos. Los creyentes vivían todos unidos y tenían todo en común; vendían posesiones y bienes y los repartían entre todos, según la necesidad de cada uno. Con perseverancia acudían a diario al templo con un mismo espíritu, partían el pan en las casas y tomaban el alimento con alegría y sencillez de corazón; alababan a Dios y eran bien vistos de todo el pueblo; y día tras día el Señor iba agregando a los que se iban salvando» (Hch 2,42-47).

En primer lugar, tenemos que decir que la ayuda fundamental que nos procura la comunidad cristiana es su misma existencia. La comunidad es un bien, ante todo, porque existe. Por esta razón, respecto a la comunidad cristiana, lo primero que estamos llamados a hacer es algo sencillísimo: se trata de estar en ella, de vivir su vida, tal y como esa vida es, según sus ritmos y sus preocupaciones. Cuanto más inmanentes seamos a la vida de la comunidad –es decir, cuanto más suframos y gocemos con el pueblo al que pertenecemos–, más seremos nosotros mismos, más será custodiada nuestra singularidad. ¿Cómo es esta vida que estamos llamados a compartir?

Perseveraban en la enseñanza de los apóstoles: ¿quién nos habla del amor como nos habla la Iglesia? ¿Quién nos abre un horizonte infinito como este? ¿Dónde podemos encontrar expresada íntegramente la verdad de la experiencia que vivimos si no es en la Iglesia? ¡Qué impresión nos produce escuchar describir la verdad de nuestra vida con palabras que nosotros no seríamos capaces de decir pero que, cuando las escuchamos, decimos inmediatamente: "es esto, es esto"! No se puede vivir sin escuchar la verdad. O mejor, se puede vivir, pero se vive peor, perdemos la vida. La vida de la comunidad cristiana se caracteriza porque en ella se nos ofrece cotidianamente la verdad de la realidad, la posibilidad de una mirada verdadera sobre la realidad, de un juicio adecuado de la realidad. La escucha de la Palabra de Dios proclamada en la liturgia de la Iglesia, la catequesis, la predicación, la enseñanza… son todas ellas modalidades a través de las cuales somos alimentados y crecemos.

Y perseveraban … en la comunión, en la fracción del pan y en las oraciones. La verdad que la Iglesia nos comunica no es algo intelectual o separado de la vida. Y eso lo comprendemos si consideramos que el mayor tesoro de la Iglesia es Cristo mismo que se entrega a nosotros en la Eucaristía. La verdad es Jesucristo, pero Jesucristo que se ofrece por nosotros y a nosotros. La Eucaristía es la verdadera escuela del amor. En la Eucaristía, Jesús se ofrece al Padre para que el Espíritu sea derramado sobre su Esposa, la Iglesia. Participando en la Eucaristía se descubre que «Cristo amó a su Iglesia: Él se entregó a sí mismo por ella, para consagrarla, purificándola con el baño del agua y la palabra, y para presentársela gloriosa, sin mancha ni arruga ni nada semejante, sino santa e inmaculada» (Ef 5,25-27). Y descubriendo este amor de Cristo por la Iglesia, uno aprende a amar a su mujer o, al menos, suplica con todo su corazón poder amarla de ese modo. Por esta razón, participar en la celebración de la Eucaristía es el camino seguro para crecer en el amor. Sobre todo, el domingo. *Sine dominicus non possumus*, decían los antiguos cristianos: no podemos existir sin el domingo, sin la participación en la Eucaristía. La Iglesia custodia el amor de sus hijos recordándoles sin descanso la centralidad de la Eucaristía en la vida.

Los creyentes vivían todos unidos y tenían todo en común; vendían posesiones y bienes y los repartían entre todos, según la necesidad de cada uno... partían el pan en las casas y tomaban el alimento con alegría y sencillez de corazón. Así describe el libro de los Hechos de los Apóstoles la vida común de los cristianos. Es una descripción que nos ofrece muchas indicaciones. El poeta Eliot dice en los Coros de la Piedra: «¿Qué vida tenéis si no tenéis vida en común? No hay vida que no sea en comunidad, ni comunidad que no se viva en alabanza de Dios»[2]. Pero la vida común está hecha de cosas concretas, que se pueden ver y tocar. Vida en común es, ante todo, la amistad entre nosotros. En una comunidad cristiana, los amigos–es decir, esas relaciones que el Señor nos dona como relaciones más fáciles y que más ayudan en la vida, relaciones que nos son dadas como un camino concreto

---

[2] T. S. ELIOT, "Coros de la Piedra" II, en: ID., *Poesías reunidas 1909-1962* (Alianza, Madrid 1999) 175.

para afirmar el vínculo que nos une a todos, es decir, relaciones que existen para abrir el corazón del hombre a todos y para no ahogarlo en un círculo cerrado–, los amigos son como la *longa manus* de la verdad presente en la Eucaristía. Y son esa prolongación de la Eucaristía porque la relación con ellos nace, como dicen los Hechos de los Apóstoles, de la alabanza a Dios. Nos acompañan, nos recuerdan el juicio verdadero sobre la realidad, nos sostienen en nuestra debilidad, nos corrigen cuando intentamos huir por nuestra cuenta… En verdad un amigo en Cristo es uno de los mayores tesoros que puede encontrar un hombre. Compartir la vida con estos amigos custodia la experiencia del amor, la mantiene en el horizonte infinito que la caracteriza, le recuerda siempre su naturaleza de ayuda para el camino, impide que se conciba como "ese todo que nunca podrá cumplirse".

En este sentido, los Papas han recordado en distintas ocasiones el bien que supone la amistad entre los cristianos casados y los que viven la virginidad por el Reino[3]. En efecto, la amistad con una persona consagrada a Dios en la virginidad es un reclamo objetivo –en virtud de su misma forma de vida– a reconocer a Dios como el único que puede cumplir el corazón del hombre. Del mismo modo, para los consagrados, la amistad con los esposos cristianos les habla del realismo del amor, ayudándoles a evitar el peligro más terrible que puede correr quien se consagra a Dios en la virginidad. Para decirlo con unas palabras agudísimas y tremendas de Péguy: «como no tienen la fuerza y la gracia de ser de la naturaleza, creen ser de la gracia; como no tienen

---

[3] Cf. Juan Pablo II, *Christifideles laici* 55; Francisco, *Amoris laetitia* 161.

el valor de ser del mundo, creen ser de Dios… como no aman a nadie, creen que aman a Dios»[4]. Por tanto, tener una vida en común significa jugarse en las relaciones de amistad que el Señor nos dona.

Pero este jugarse se da en un concreto compartir la vida, más aún, se da compartiendo las necesidades. Dice el libro de los Hechos que los cristianos *tomaban el alimento con alegría y sencillez de corazón*: ¡qué expresión tan bella! Nos narra la sencillez y normalidad de una vida compartida, nos ayuda a comprender que estamos llamados a compartir la vida, tal y como es. No se trata de buscar puntos en común, actividades para hacer juntos, proyectos en los que comprometerse… Se trata, ante todo, de compartir la vida: hecha de comidas, de trabajo, de descanso… Y de necesidades. En última instancia no se comparte la vida del otro si no se comparten sus necesidades. Y por necesidades hay que comprender, en primer lugar, sus necesidades materiales. En efecto, compartiendo las necesidades materiales se abre ante nosotros el camino para compartir la necesidad que es la misma vida, es decir, la vida que es necesidad, que es deseo. La Iglesia custodia el amor entre un hombre y una mujer invitándoles a compartir la vida con los otros cristianos, invitándoles a compartir sus necesidades, de manera que cada vez seamos más conscientes de la dulce presencia de Cristo que se hace cargo de nuestras necesidades, de nuestra vida.

Y eran bien vistos de todo el pueblo. El texto lo dice como si nada. Quizá podemos leerlo como una confirmación de que

---

[4] Ch. Péguy, *Note sur M. Bergson et Note conjointe sur M. Descartes* (Presses Universitaires de Liège, Série Philosophie 3, Liège 2016) 115.

una vida en común, vivida de este modo, es un factor de construcción de la vida social, de la vida de todo el pueblo. En efecto, un amor custodiado en una morada como la que estamos describiendo, un amor, por tanto, que crece y madura hasta su misma verdad, es un factor de civilización. En el fondo es el factor –en el sentido etimológico del término– de la civilización.

Y día tras día el Señor iba agregando a los que se iban salvando. Así concluye la descripción del libro de los Hechos. Es una referencia a la misión como horizonte de la vida cristiana. En efecto, en el texto paralelo que encontramos en Hechos 4,33 se nos dice que «los apóstoles daban testimonio de la resurrección del Señor Jesús con mucho valor». Son palabras que nos abren el horizonte de la vida de la comunidad cristiana, su razón de ser. Podemos preguntarnos: ¿por qué nos ha elegido el Señor, nos ha hecho habitar en su templo santo, en su morada que es la Iglesia, nos ha hecho descubrir la grandeza del amor y nos ha concedido un camino concreto para que podamos experimentarla? ¿Por qué nos ha concedido todo esto a nosotros y no a otros? Solo nos es posible intuir la razón de la preferencia que Dios tiene con nosotros: se llama misión. Hemos sido elegidos para que otros hombres y mujeres puedan conocer y amar a Jesucristo a través de nosotros.

La Iglesia custodia el amor haciéndolo crecer en el horizonte del testimonio. El amor existe para el testimonio. La ayuda recíproca que el hombre y la mujer se ofrecen y se donan en el camino hacia el cumplimiento que es el Padre, constituye un testimonio real para los otros hombres y mujeres que comparten con ellos la existencia.

El horizonte del amor

A lo largo de estas páginas hemos insistido en el hecho de que el horizonte total del amor entre un hombre y una mujer no puede ser otro que el designio de Dios. El Padre, en efecto, tiene un designio bueno para cada uno de nosotros y nada de lo que acontece puede ser considerado al margen de este designio. Y el Padre nos trata como a hijos, no como a esclavos. Esto significa que su designio cuenta con nuestra libertad, con nuestra adhesión libre a su voluntad. De este modo, el designio de Dios en cuanto que implica concretamente nuestra persona y nuestra libertad se llama *misión*.

El último paso de nuestro camino quiere considerar la naturaleza y el contenido de esta *misión*, de la participación concreta en el designio del Trinidad por parte del amor entre el hombre y la mujer. Para ello, es conveniente fijarnos en la figura cumplida del amor entre un hombre y una mujer, es decir, en el matrimonio indisoluble tal y como lo encontramos en el sacramento del matrimonio[1]. Si miramos la misión propia del matrimonio, veremos abrirse ante nuestros ojos el horizonte total de la misión que caracteriza toda relación entre un hombre y una mujer desde sus inicios.

La Iglesia no deja nunca de proponer a sus hijos este horizonte, y ello incluso si parece algo absolutamente desproporcionado para las fuerzas del hombre. Y lo hace porque es consciente de que se trata de un horizonte donado, fruto de la gracia de Dios acogida libremente, no estamos hablando de una meta a conquistar. Una de las formulaciones más claras de este horizonte, la ofreció san Juan Pablo II en la exhortación apostólica *Familiaris consortio*. Explicando la naturaleza propia del matrimonio cristiano, dice el santo papa: «La comunión entre Dios y los hombres halla su cumplimiento definitivo en Cristo Jesús, el Esposo que ama y se da como Salvador de la humanidad, uniéndola a sí como su cuerpo. Él revela la verdad original del matrimonio, la verdad del "principio" y, liberando al hombre de la dureza del corazón, lo hace capaz de realizarla plenamente. Esta revelación alcanza su plenitud definitiva en el don de amor que el Verbo de Dios hace a la humanidad asumiendo la naturaleza humana, y en el sacrificio que Jesucristo hace de sí mismo en la cruz por su Esposa, la Iglesia. En este sacrificio se desvela enteramente el designio que Dios ha impreso en la humanidad del hombre y de la mujer desde su creación; el matrimonio de los bautizados se convierte así en el símbolo real de la nueva y

---

[1] A este respecto, me permito citar la siguiente contribución: G. RICHI ALBERTI, "Como Cristo amó a su Iglesia (Ef 5,25)", en: J. LARRÚ (ed.), *La grandeza del amor humano* (BAC, Madrid 2013) 125-147.

eterna Alianza, sancionada con la sangre de Cristo. El Espíritu que infunde el Señor renueva el corazón y hace al hombre y a la mujer capaces de amarse como Cristo nos amó. El amor conyugal alcanza de este modo la plenitud a la que está ordenado interiormente, la caridad conyugal, que es el modo propio y específico con que los esposos participan y están llamados a vivir la misma caridad de Cristo que se dona sobre la cruz»[2].

En virtud del don del Espíritu, que los esposos reciben en el sacramento –don que la teología llama "gracia sacramental"–, estos participan de y son llamados a vivir la caridad misma de Cristo (*misión*), es decir, son llamados a ser testigos en el mundo del amor de Cristo por la Iglesia. En este sentido, el horizonte cumplido del amor entre un hombre y una mujer es la misión: dar testimonio del amor de Cristo por la Iglesia.

Para profundizar este horizonte del amor, entonces, es necesario contemplar el amor de Cristo por la Iglesia. Y a ello nos ayuda el célebre pasaje de la Carta a los Efesios.

«Sed sumisos unos a otros en el temor de Cristo: las mujeres, a sus maridos, como al Señor; porque el marido es cabeza de la mujer, como Cristo es cabeza de la Iglesia; él, que es el salvador del cuerpo. Como la Iglesia se somete a Cristo, así también las mujeres a sus maridos en todo. Maridos, amad a vuestras mujeres como Cristo amó a su Iglesia: Él se entregó a sí mismo por ella, para consagrarla, purificándola con el baño del agua y la palabra, y para presentársela gloriosa, sin mancha ni arruga ni nada semejante, sino santa e inmaculada. Así deben también los maridos amar a sus mujeres, como cuerpos suyos que son. Amar

---

[2] JUAN PABLO II, *Familiaris consortio* 13.

a su mujer es amarse a sí mismo. Pues nadie jamás ha odiado su propia carne, sino que le da alimento y calor, como Cristo hace con la Iglesia, porque somos miembros de su cuerpo. Por eso dejará el hombre a su padre y a su madre, y se unirá a su mujer y serán los dos una sola carne. Es este un gran misterio: y yo lo refiero a Cristo y a la Iglesia. En una palabra, que cada uno de vosotros ame a su mujer como a sí mismo, y que la mujer respete al marido» (Ef 5,21-33).

Ser testigos del amor de Cristo por la Iglesia: esta es la misión de los esposos, este es el horizonte total del amor entre un hombre y una mujer. Pero, ¿cuál es el contenido de este amor de Cristo por la Iglesia? ¿En qué consiste? ¿Qué significa participar en este amor gracias al sacramento del matrimonio hasta el punto de que los esposos llegan a ser testigos del mismo?

El amor de Cristo por la Iglesia es un amor total, personal, redentor y fecundo.

Un amor total: *Cristo amó a su Iglesia:* Él se entregó a sí mismo por ella (Ef 5,25). Sabemos bien lo que ha implicado esta entrega que Cristo ha hecho de sí mismo: su pasión, su muerte y resurrección para que tuviésemos vida. El amor de Jesucristo por su Iglesia es un amor total, un amor que no se reserva nada. Los esposos son hechos capaces de una entrega semejante en virtud del sacramento del matrimonio que reciben: el Espíritu Santo se dona a su libertad y la introduce en el camino de la entrega integral, total y permanente. Una donación tan total que no admite límites de tiempo: ¡nadie puede entregarse totalmente por un período limitado de tiempo!

Además, el amor de Jesucristo por la Iglesia no tiene nada que ver con una especie de amor universal genérico. Podríamos decir que no es un amor en general por todos, sino un amor que se dirige a cada uno. En la Iglesia, cada hombre y cada mujer son amados personalmente por Cristo: se trata de un amor personal. En otro célebre pasaje paulino, el Apóstol nos lo dice con toda claridad: «Y mi vida de ahora en la carne, la vivo en la fe del Hijo de Dios, que me amó y se entregó por mí» (Gal 2,20). En este *por mí* se encuentra la mayor concreción posible del amor. El matrimonio monógamo es testimonio permanente de esta realidad en la vida de los hombres: el amor entre los esposos es personal y único.

En un cierto sentido, ya nos hemos referido al tercer factor característico del amor de Cristo por la Iglesia, cuando hemos dicho que a quien ama le interesa por encima de todo el cumplimiento de la persona amada, le interesa que sea colmada la sed de amor de la persona amada. Con otras palabras, podremos decir que el supremo interés de quien ama es la salvación de la persona a la que ama. Esta dinámica ha sido vivida por Cristo respecto a la Iglesia de forma eminente. En la cruz, Cristo consumó su donación total y personal para redimir y santificar a su esposa, la Iglesia: *para consagrarla, purificándola con el baño del agua y la palabra, y para presentársela gloriosa, sin mancha ni arruga ni nada semejante, sino santa e inmaculada* (Ef 5,26-27). Ser una ayuda permanente el uno para el otro en el seguimiento de Cristo: esta es la inmensa posibilidad que la gracia sacramental ofrece a los esposos cristianos.

Finalmente, el amor de Cristo por la Iglesia es un amor fecundo. Más aún, el fruto propio del amor de Cristo es precisamente la Iglesia. En efecto, la Iglesia es el fruto del amor total, personal y redentor de Cristo y, al mismo tiempo, su destinataria, su esposa. De este modo, el amor entre los esposos acogerá la fecundidad que el Señor querrá conceder. Y la acogerá en el modo en el que quiera concederla, libres de medidas e imágenes preconcebidas.

Un amor total, personal, redentor y fecundo, como es el amor de Cristo por la Iglesia: ¡este es el horizonte infinito del testimonio que se abre ante los esposos! Y, sin embargo, todavía nos encontramos en el umbral del misterio del amor de Cristo por su Iglesia.

En efecto, hasta ahora simplemente hemos descrito cómo Cristo ama a la Iglesia, lo que podríamos llamar la "cualidad" del amor de Cristo por su esposa. Pero esto no es lo más bello ni lo más interesante. Es necesario dar un paso más: es necesario preguntarse *por qué* Cristo ama a la Iglesia, preguntarse por la razón de ser de su amor.

Quizá nos pueda parecer una pregunta un poco extraña. Es más, la visión romántica del amor que lo considera casi una enfermedad mortal, y que inevitablemente afecta con fuerza a nuestra forma de ver las cosas, nos lleva a pensar que el amor es más puro, más genuino, más gratuito, cuantas menos razones tenga. Además, el hecho de que seamos pecadores y, por tanto, de que no merezcamos ser amados, ¿no mostraría todavía más que Cristo nos ama sin razones? Nos encontramos aquí ante una cierta confusión entre lo que podemos llamar el amor gratuito y lo que se podría denominar un amor arbitrario. Jesucristo ama a la Iglesia ciertamente de modo gratuito, pero no de modo arbitrario: sin duda es verdad que no hay nada en nosotros que pueda ser considerado un motivo para que el Señor nos ame, ¡pero a Cristo no le faltan razones para amarnos!

Para intuir la profundidad del amor de Jesucristo por la Iglesia, esa profundidad que es el horizonte del amor entre el hombre y la mujer, es necesario afrontar esta pregunta: ¿por qué ama Jesucristo a la Iglesia? ¿Cuál es el origen y la dinámica interna –eso que los medievales llamaban la *ratio*, la razón– de su amor?

Si queremos asomarnos a este misterio –en realidad podemos solo asomarnos, como un niño que intenta vislumbrar algo de lo que hay más allá del muro que tiene delante–, es necesario que volvamos a fijar nuestra mirada en Cristo mismo. En nosotros no encontramos nada que dé razón de su amor, por lo que esas razones habrá que buscarlas y encontrarlas en Él mismo.

¿Cuál es la fuente permanente de la vida de Jesús? Nos la indica con claridad sobre todo el evangelio según san Juan. Jesús vive, se mueve, actúa, cumple su misión *por amor del Padre*. Como hemos visto, Jesús está completamente definido por su relación con el Padre. Él es el Hijo por excelencia. En el origen de su misión se encuentra el Padre: «Porque tanto amó Dios al mundo, que entregó a su Unigénito, para que todo el que cree en él no perezca, sino que tenga vida eterna. Porque Dios no envió a su Hijo al mundo para juzgar al mundo, sino para que el mundo se salve por él» (Jn 3,16-17). Al llevar a cabo su misión, todo lo realiza según la voluntad del Padre: «Jesús tomó la palabra y les dijo: "En verdad, en verdad os digo: El Hijo no puede hacer nada por su cuenta sino lo que viere hacer al Padre. Lo que hace este, eso mismo hace también el Hijo, pues el Padre ama al Hijo y le muestra todo lo que él hace, y le mostrará obras mayores que esta, para vuestro asombro"» (Jn 5,19-20). El cumplimiento definitivo de su envío se identifica con la gloria del Padre: «Así habló Jesús y, levantando los ojos al cielo, dijo: "Padre, ha llegado la hora, glorifica a tu Hijo, para que tu Hijo te glorifique a ti"» (Jn 17,1).

Jesús hace participar a los suyos de su relación con el Padre, la fuente permanente de su vida: «Yo les he dado la gloria que tú me diste, para que sean uno, como nosotros somos uno; yo en ellos, y tú en mí, para que sean completamente uno, de modo que el mundo sepa que tú me has enviado y que los has amado a ellos como me has amado a mí. Padre, este es mi deseo: que los que me has dado estén conmigo donde yo estoy y contemplen mi gloria, la que me diste, porque me amabas, antes de la fundación del mundo. Padre justo, si el mundo no te ha conocido, yo te he conocido, y estos han conocido que tú me enviaste. Les he dado a conocer y les daré a conocer tu nombre, para que el amor que me tenías esté en ellos, y yo en el» (Jn 17,22-26).

Podemos ahora intentar responder a la pregunta que nos hemos planteado: ¿por qué Jesucristo ama a la Iglesia? *Por amor del Padre.* ¿Qué significa que el horizonte del amor entre los esposos es el amor de Cristo por la Iglesia? Que los esposos, en virtud del don recibido en el sacramento, se aman *por amor del Padre.*

En el Espíritu Santo, el Hijo de Dios que se ha hecho hombre ama a la Iglesia por amor del Padre, es decir, para que se cumpla su designio de salvación. Ese designio de salvación que consiste en nuestra adopción como hijos. El Padre, en efecto, ha querido hacernos participar de su vida, adoptándonos como hijos en el Hijo. Y el Hijo ha vivido toda su aventura humana para que este designio se cumpliese, para que la Iglesia –pueblo de hijos–, pudiese nacer. El deseo más profundo del ánimo de

Jesús es dar gloria al Padre, es decir, vivir su misión para que los hombres puedan llegar a ser hijos de Dios, hacer posible la incorporación de los hombres, por obra del Espíritu, a su Cuerpo que es la Iglesia. Esto significa que, en la raíz del amor esponsal que nutre Cristo por la Iglesia, se encuentra el misterio de la filiación divina, la filiación propia de Cristo y la filiación adoptiva de los bautizados.

¿Qué significa todo esto para el amor entre los esposos? En virtud del sacramento del matrimonio, su amor, que ha llegado a ser amor conyugal, posee el mismo horizonte que el amor de Cristo por la Iglesia. Los esposos, por tanto, se aman por amor del Padre, para la gloria del Padre, es decir, para que se cumpla su designio en el mundo. Marido y mujer participan, a través de su propia vida matrimonial, en la misión de Jesucristo, es decir, viven su amor para que otros hombres –ante todo sus propios hijos–, puedan llegar a ser hijos adoptivos de Dios. El Concilio Vaticano II ha recordado con claridad esta profunda verdad que constituye el horizonte propio del matrimonio cristiano: «el cultivo auténtico del amor conyugal y toda la estructura de la vida familiar que de él deriva, sin dejar de lado los demás fines del matrimonio, tienden a capacitar a los esposos para cooperar con fortaleza de espíritu con el amor del Creador y del Salvador, quien por medio de ellos aumenta y enriquece diariamente a su propia familia»[3].

El amor entre el hombre y la mujer, vivido en el matrimonio indisoluble, posee como horizonte propio vivir para que la familia de los hijos de Dios se dilate y enriquezca en la historia. Por esta

---

[3] *Gaudium et spes* 50.

razón, procreación y educación de los hijos son inseparables. Los padres, en efecto, están llamados a engendrar y educar a sus hijos como hijos de Dios. La gracia sacramental del matrimonio hace de los esposos colaboradores en primera persona del designio de adopción filial de los hombres por parte del Padre. Han sido llamados por el Padre y se les ha concedido el don del Espíritu, para que colaboren, corporal y espiritualmente, con toda su humanidad, en la misión de Jesucristo. Parafraseando la famosa afirmación de Balthasar, según la cual, «el acto de la unión de dos personas en una carne y el fruto de esta unión, el niño, han de considerarse simultáneamente, olvidando su distanciamiento en el tiempo»[4], podríamos afirmar que, para comprender en toda su profundidad el horizonte misionero del matrimonio cristiano, "el acto de la unión de los esposos cristianos en una carne, el fruto de esta unión y su bautismo (como prenda de la vida eterna) han de considerarse simultáneamente, olvidando su distanciamiento en el tiempo". No es una casualidad que el Catecismo de la Iglesia Católica hable del matrimonio, considerándolo conjuntamente con el sacramento del orden, y denomine a ambos los *sacramentos al servicio de la comunión*[5]. En efecto, ¡solo la misión describe en última instancia el rostro cumplido del amor!

Pero para mantener este horizonte misionero –un horizonte que, ciertamente, genera un poco de vértigo a todo el que intuye su infinitud–, es imprescindible que los esposos vivan agradecidos y cotidianamente el don de la filiación divina en la Iglesia. Para

---

[4] H. U. von BALTHASAR, *La oración contemplativa* (Encuentro, Madrid 1985) 55.

[5] *Catecismo de la Iglesia Católica* 1533-1535.

ser madre y padre, para que el amor se cumpla hasta el fondo, es necesario reconocerse permanentemente hijos: «tras mucho tiempo he llegado a comprender que Tú no quieres que yo sea padre sin ser hijo. Y precisamente para esto ha venido Tu Hijo al mundo»[6].

Comenzábamos estas páginas constatando que, al menos en nuestras sociedades europeas, cada vez nos casamos menos. Si no hay horizonte, la nave no parte. Pero ese horizonte existe, es más, es un horizonte infinito. Lo hemos visto. Por eso vale la pena casarse.

---

[6] K. WOJTYLA, *Hermano de nuestro Dios. Esplendor de paternidad* (BAC, Madrid 1990) 136.

Últimos títulos publicados

(www.editorialdidaskalos.org)

Suscríbase en nuestra web para recibir las mejores promociones